正義の正体

田中森一×佐藤　優

集英社
インターナショナル

正義の正体

目次

正義の正体

田中森一×佐藤　優

構成　早見和真
写真　須田慎太郎
装幀
本文デザイン　泉沢光雄

序章

『反転』が暴露した「正義の正体」

日本人の司法観を転換させた『反転』

佐藤　田中さんの『反転　闇社会の守護神と呼ばれて』（幻冬舎）を拝読して第一に思ったのは「これは色々な読み方のできる本だな」ということでした。

田中さんが極貧の中から苦学して岡山大学法文学部に入り、一念発起して司法試験に合格、検事になって活躍し、ついには東京地検特捜部のエースと言われるまでになった。しかし、それがあるとき特捜検事を辞めると、今度はさまざまなバブル紳士たちの弁護人を務《つと》め、「闇社会の守護神」と呼ばれるようになる。そして２０００年、石橋産業事件を巡《めぐ》る詐欺の容疑でついに逮捕されるというストーリーは、一般の読者にとっては、なまじの小説よりもドラマチックなものに映るでしょう。

しかし、たとえば田中さんの古巣である検察庁では、これがどのように読まれたか。それも僕はすごく分かるんです。「田中がこの本を書いたのは、誰々に恨みを持っているからだろう」とか「検察トップの誰それの足を引っ張りたくて書いたのではないか」とかね。間違いなくこういった読み方をされているはずです。

田中　僕自身にそんな気持ちは少しもないんだけどね。ありのままを書いただけだし、古巣に対する私怨があるからでもない。

佐藤　でも、組織の中に生きている人はかならず私怨だとか派閥抗争という見方をするものです。もう一つ付け加えれば、この本の中で名前が書かれた人よりも、一度も出てこない人たちのほうが戦々恐々としているんじゃないのかな。今後、自分がどのように書かれるのか。田中はまだ隠しているタマを持っていて、今後それを爆発させるんじゃないのかと。官僚ってそういう発想を平気でしますから。

それはさておき、『反転』の最大の意義は、日本人の司法制度に対する認識を天動説から地動説に転換するくらい、大きなインパクトを与えたことにあると思うんです。

要するにこれまで日本人は正義というのは客観的に存在し、確立されたものであって、一つしかないんだと考えてきた。そして、その正義を守る最後の砦《とりで》が特捜検察だという認識があったと思うんですよ。しかし、これを田中さんが見事に覆《くつがえ》してしまった。

田中　いや、それで言うなら、一番何かを変える力を持っていたのはやっぱり佐藤さん自身であり、著書『国家の罠』（新潮社）だったんだと思うよ。本当の正義とは何なのかと考えさせてくれたのはね。事実、これまで検察はオールマイティであり、かつ絶対的な正義と考えられていたと思うんだけど、佐藤優が捕まって鈴木宗男《すずきむねお》がやられて、その結果何が残ったかといえば漠然とした違和感だけだったわけじゃない？　そして、その違和感の正体を佐藤さんが本の中で暴いてしまったんだ。そうしたらやっぱり、正義とは何か、検察とは何か、特捜とは何なのかって考えるようになるよ。そこにたまたま検察出身で、自らも逮捕された経験のある僕が出てきたというだけのこと。
ただ共通して言えるのは、やっぱり司法が大きく変わりつつあるっていうことを期せずして我々が示してしまったということだろうね。
佐藤　我々自身は自分たちのことで必死だっただけで、司法を変えようなどという意識なんかまったくないんですけどね。ただ、「正義は一つじゃない」ということを多くの日本人が知ってくれるのは悪いことではないけれど、その一方で怖いなと思う部分もあるんですよ。それが象徴的に表われているのが鈴木宗男さんの例です。

【石橋産業事件】　１９９６年、石油卸の商社「石橋産業」グループから許永中《きょえいちゅう》（後述）が約１７９億円の約束手形を騙《だま》し取ったとされる事件。この事件で田中森一は許と共謀したとして東京地検特捜部に逮捕・起訴された。

国策捜査はけっしてなくならない

佐藤　鈴木宗男さんという代議士は、もともとは4～5万ほどしか票を獲《と》らない人だったんですが、逮捕の後に行なわれた選挙で43万もの票を獲得し、当選してしまいました。これって、少なくとも北海道という土地に限定していえば、国家・検察の正義と有権者の正義とが乖離《かいり》しちゃっていることの動かぬ証拠だと思うんです。しかし、日本の国家体制全体のことを考えると、それってやっぱり怖いし、危険だと思うんですよ。

田中　たしかに田中角栄《たなかかくえい》ですらロッキード事件以後も新潟三区で強力な支持を受けていたけれど、鈴木さんのように票が増えたというわけではないものね。

佐藤　それどころか鈴木宗男さんの場合は、テレビのワイドショーやバラエティ番組のゲストにまで呼ばれています。

田中　そうした鈴木さんの復権や佐藤さんの活躍は、体制側から見たら本当に怖いことだよね。

佐藤　その「体制側の視点」というのはすごく重要な見方だと思うんです。というのもこれは僕の『国家の罠』をよく注意して読んでいただきたいんですが、僕は確かに「国策捜査」というテーマで本を書きましたが、その中で「国策捜査はけしからん」とか「国策捜査はなくなるべきだ」ということは一切《いっさい》書いていないんです。

田中　いくら国策捜査に問題があっても時代の変わり目にはかならず出てくるものだし、国策捜査が必要な場合は明らかにあるからね。

佐藤　それに、そもそも我々自身が体制の側にいた人間ですから、国策捜査を全面否定してはいけない部分もあると思うんですよ。田中さんの本を読んで一番いいなと感じたのも、「反検察」ではけっしてないという点でした。「事実はこうなっているんですよ」と淡々と提示していて、それがかえって読者にとっては『東方見聞録』や『ガリバー旅行記』を読むような面白さにつながっていた。ご自身の前半生をけっして否定していないし、検察批判をしているわけでもない。この点はとても重要だと思うんです。

たとえば元大阪高検公安部長の三井環《みついたまき》さんなどの境遇は、一見すると田中さんに似ているわけですが、彼の『告発！　検察「裏ガネ作り」』（光文社）といった本は率直に言ってあまり読まれていない。

それはどうしてかというと、たしかに彼の場合にも国策捜査的な側面はあったと思うのですが、いざ体制との闘いということになったときに、論理の組み立てが完全に反体制の側に行っちゃったんです。そうすると自分自身の前半生の部分、公安検事としてそれまで過激派をいじめていた過去はどうなるんだという話になってくるわけですね。

その点、当然、田中さんにも検察という組織に対して恨みつらみはあったと思うんですが、それを書き記そうとはなさっていない。

田中　いや、僕はある意味じゃ、自分が検察にいられなくなった理由や仕組みをよく理解できているからね。やっぱり僕みたいにとことんまでやってしまう人間ばかりだと、どうしても組織を維持していくことができなくなっていくよ。

検察庁はたしかに司法に関わる組織だけど、基本的には行政官庁であるわけで、目の前にどれだけ凶悪な事件が眠っていたとしても、それを暴くことによって政権や社会体制が崩壊してしまうなら絶対に手を出してはいかんの。まずは社会体制を、ひいては検察という組織を守らないかんという考えがやっぱり上に立つ人には働くに決まっているよ。

僕自身にその考えがまったくないわけではなかったけど、やっぱり現場にいたから上の人たちよりはずっと少なかった。それよりも僕は自分自身が信じる正義を正していこうとばかり考えていたんだ。でも、そうすると国の体制を守ること、組織を守ることこそが正義と考える上の人たちとは当然衝突していくことになる。「人間としての丸みがない」「若造の考えだ」と言われたらそれまでだけど、人の性格というのはそう簡単に直るものではないからね。僕みたいな考えの人間はやっぱり組織に長くはおれないんだろうな。

【三井環】　元大阪高検公安部長。捜査情報を得ようとした元暴力団組員から飲食や女性の接待を受けたなどとして、2002年、収賄や公務員職権乱用などの罪で逮捕される。しかし、これは調査活動費を流用した検察内部の裏金作りを三井氏が告発しようとしたことに対する口封じであるという見方が根強い。大阪地裁で実刑判決が言い渡されたが、現在上告中。

カネに潜《ひそ》む暴力性

佐藤　今、田中さんはいみじくも「検察は行政官庁なんだ」とおっしゃいましたが、そう言える検察官って実は少ないんじゃないかと思うんです。ほとんどの検察官が「検察は司法だ」「検察は独立している」「検察こそ正義だ」と思っているんじゃないでしょうか。自分たちは司法権の独立に守られていて、行政とは違う特別な場所にいると思っている検察官のほうが多数派であって、検察もまた行政官庁であるときちんと理解できている人ってやっぱり少ないですよ。

あともう一つ、僕が田中さんの本を読んで本当によかったと思うのは、これまで僕はいわゆる「ヤメ検」弁護士というのは大半が「権力はお金で買える」と思っているような人たちで、だからこそ異常にお金に執着する連中なんだろうと思っていたんです。そして正直に言えば、田中さんにもそういうところがあるのかなと思っていた。

しかし、それはもう完全に間違いだったということが分かりました。弁護士になってからも、田中さんはお金に対する関心はほとんどというかまったくない。しかし、だからこそ、かえってカネが集まってきちゃった面もあるんだと思います。

田中　バブルのときには、それこそ僕のところにもたくさんのカネがきた。でも、それは結局、回ってきただけのことであってね。そもそも僕は自分のところでカネを留めておこうという気がまったくなかった。

佐藤　同じことはロシアで見ていたから僕もよく分かるんですが、田中さんが弁護士になって入っていった社会では、お金を受け取らないということは、「あなたとは付き合いませんよ」

と意思表示することと同じ意味を持ったと思う。人間的な信頼関係を切るということと同じなんですね。だから、当時の田中さんにも人間関係を大切にするためにどうしても受け取らざるを得なかった場面は多かったと思うんですよ。

でも実際、お金ってものすごい暴力性を持つものですから、そのスパイラルに搦《から》め取られちゃった結果、穴に落ちてしまったようなところがあるんじゃないかと『反転』を読んで感じました。それはけっして田中さんが意図したものではなく、結果的にそうなってしまっただけなのでしょうが。

田中　僕は極貧の幼少期を過ごしてきて、けっしてカネに欲がないわけじゃなかったし、たくさん入ってくればそれは嬉しかった。でも、おっしゃるとおり、それを自分の懐《ふところ》に溜め込んでおこうという考えは一切なかった。節税対策でヘリコプターを買ったり、マンションを買ったりもしたけれど、ヘリコプターなんて1回しか乗らなかったくらいだしね（笑）。結局、稼ぐよりも仕事をすることのほうが好きだったんだ。その結果として、カネが入ってきていたということ。

いや、でもこうやって少しでも佐藤さんの僕に対する誤解が解けたとしたら、それだけで僕は本を書いた価値があるわけです。僕は自己弁護とか言い訳とかが一番みっともないことだと思っていたから、これまでも自分が巻き込まれた事件のことについてはマスコミにも誰にも話してこなかった。『反転』を書くにあたっても、やっぱりその点が一番苦労したところだったんだよね。

なぜトップ・ジャーナリストは田中森一に注目したのか

佐藤　今回の田中さんの本について、もう一つ私が注目したいのが、日本の司法、検察を第一線で取材してきた人たちが、田中森一という人間に対してひじょうに強い興味を示したということです。田原総一朗《たはらそういちろう》さんとは『検察を支配する「悪魔」』（講談社）という対談書を出版されましたし、立花隆《たちばなたかし》さんとも「文藝春秋」誌上（２００７年11〜12月号）で対談されていますね。

田中　二人ともロッキード事件やリクルート事件なんかを追ってきた人たちだからね。でも、実際に彼らがそれまで話を聞いてきた人というのは、宗像紀夫《むなかたのりお》さん（元東京地検特捜部長、リクルート事件、金丸信脱税事件などを指揮）にしろ、堀田力《ほったつとむ》さん（元東京地検特捜部検事、ロッキード事件を捜査）にしろ、結局のところ誰も本当のことをしゃべってこなかったんだ。そういう状況の中で、僕が真相を赤裸々《せきらら》に綴《つづ》った本を出版した。自分が調査してきた内容がいかに不十分だったかということをお二人ともしきりに口にしていたよ。

佐藤　立花隆さんとの対談の中でひじょうに面白いと感じたのは、田中さんが『反転』の中で記されている「国策捜査は常態なんだ」という部分に立花さんが賛同しているということです。これって、立花さんが検察という組織に対して持っていた考えをコペルニクス的に転換する話だと思うんですよ。

田中　立花さんは田中金脈問題をいち早く採り上げたし、その後のロッキード事件でも一貫して、どちらかというと検察サイドを支持してきた人だからね。

佐藤　その立花さんが日本ではずっと国策捜査が行なわれてきたということを認めた。これはすごく大きい。

でも、そこでさすがに立花さんは頭も勘もよいと思ったのは、田中さんが一貫しておっしゃっている「国策捜査には、不作為《ふさくい》の国策捜査というものがある」、つまり体制を守るために敢《あ》えて捜査しない事例があるという点に敏感に反応されていたところです。

これが「権力によって作られた国策捜査」という話だったら、たとえば魚住昭《うおずみあきら》さんの『特捜検察の闇』（文春文庫）であるとか、宮本雅史《みやもとまさふみ》さんの『歪《ゆが》んだ正義』（角川文庫）などがあるわけで、それでは二番煎じになってしまうときちんと理解していて反応しているんだろうと思いました。

逆に田中さんは立花さんと話していて、どのような印象を受けましたか？

田中　いや、立花さんが僕に関心を持ってくれたというのは、要するに僕個人に対してではなく、事件そのものに対しての興味なのよ。そこは田原さんとも通じる部分だね。やっぱり色々な事件を自分なりに取材してきて、それなりに手応《てごた》えを得ていたはずなのに、『反転』を読んで、自分の見方がいかに底の浅いものだったかを知ったと。そういうことをしみじみとおっしやっていた。

佐藤　でも、それを正直に口にするというのは大変な覚悟を要します。

田中　それだけに対談には相当の時間を割《さ》いたもの。立花さんの取材も最初は一回だけの予定だったの。それが5時間も6時間もぶっ通しで続いて、後日もう一回やってくれないかということになった。それがロッキードやリクルートに加えて、竹下元首相に対する「はめ殺し」で有名な皇民党《こうみんとう》事件、それと僕が逮捕されるきっかけになった許永中《きょえいちゅう》という個人に対しても関心を持っていたようだよ。彼が「稀代の詐欺師」なのか、それとも「世紀の大プロデューサー」なのかってね。

【許永中】　政治家をはじめ暴力団、大企業と密接な関係を持った大物フィクサー。「闇の怪人」などと呼ばれ、商社イトマンを利用し不正経理を行なったとして商法の特別背任、法人税法違反の罪で逮捕、起訴された。２００５年10月に最高裁で上告棄却決定がされて実刑が確定し、２００８年現在服役中。

悪魔に依頼されたら悪魔を守るのが弁護士である

佐藤　「文藝春秋」の対談でもう一つ面白いと感じたのは、立花さんが「田中さんが『反転』

の中で言っている正義という感覚が、どうも国民には分かりにくいんじゃないか」と繰り返しおっしゃっていた点です。

田中　そう言われるのはある意味で当然のこと。普通の人からすれば、検察官時代にたくさんの悪い奴らを捕まえてきた僕が、弁護士になったら今度はまったく逆に、彼らのいわば「守護神」になったと見える。「180度、やることが違うじゃないか」と、普通の人は絶対にそう言うよね。検事のときに言っていた正義はどこに行ったんだというわけ。

で、なぜそういうふうに思われるかといえば、弁護士、ことに刑事の弁護士というのは世間からややもすると「真実を隠蔽《いんぺい》する仕事」だと見られているから。つまり、自分の依頼人を守るためだったら、白を黒と言いくるめるのも平気だろうと思われているわけだ。

でも、僕の考えは違う。そもそもの大前提として「真実は一つだ」と認識した上で、その真実に対してどちらから光を当てるかの違いが検事と弁護士の違いだと思っている。白を黒と言うのが弁護士なのではなく、白はあくまでも白、黒は黒と認めて、その上で「じゃあ、依頼人のためにどうしようか」と考えるのが弁護士の仕事だと思っているの。

ただ、これはなかなか一般の国民には分からない感覚だろうし、正直、僕自身も十分には説明できていない部分ではあるんだよね。

佐藤　ちなみに、田中さんは山口県光市《ひかりし》の母子殺害事件を担当している安田好弘《やすだよしひろ》さんのような弁護士についてはどう思いますか？

田中　あの事件については詳しい内容までは知らないけれど、彼は立派な弁護活動をしていると思うよ。結局は依頼人の方針に基づいて忠実にやっているわけだからね。もちろん、そうすることで国民から反感を買うのも分かるけど、プロから見たら弁護士として正当な仕事をしていると感じるよ。

佐藤　実は先日、鈴木宗男さんと一緒に安田さんの主宰する会合で死刑問題についての公開討論をしましたが、会合の前後に数人から電話がかかってきて、「安田みたいなのとだけは付き合わないほうがいい」と言われたんです。

田中　世間の人はみんなそう言うだろうね。

佐藤　でも僕は、悪魔に依頼されたら悪魔を守るのが弁護士の仕事だと思っていますから。もちろん僕も事件の調書を読んでいるわけではないので、裁判の内容についてコメントする立場にはない。でも、弁護士の仕事というのは依頼人を徹底的に守ることなんですから、国民の側からすれば、ああいう弁護士の人がいなければ本当は困るはずなんです。

では、そうした安田さんに対するバッシングがなぜ起きるかといえば、結局、国民は何か漠《ばく》然《ぜん》とした正義を求めているんだと思うんですよ。だけど正義というものを確定することはけっして容易ではないし、それこそ検察の調書を読んだとしても、それが真実だという保証もないわけですからね。そうしたことについてのバランス感覚みたいなものがひじょうにあやふやになっているんじゃないかと感じるんです。何しろ、テレビを通じて懲戒を呼びかける橋下徹《はしもととおる》さんのような弁護士も出てくるくらいですからね。その橋下さんが今度、大阪府知事に当選しましたけど。

田中　いや、あの呼びかけに関しては僕もとんでもない話だと思っているよ。

佐藤　そもそも、法廷で対立しているわけですらないんですからね。

田中　ここで少なくとも僕が断言できるのは、安田さんがあの事件に関してメディアに出て説明する理由は一つもないということ。弁護士としての仕事は法廷がすべてなわけであって、それを「会見を開いて弁護方針を説明すべきだ」とかなんとか、法曹の連中もマスコミも勝手なこと言っているけど、そんな必要はまったくないのよ。やっちゃいかんのは真実を曲げるということだけ。

佐藤　証拠を勝手に作り上げるとかね。

田中　それはもう弁解のしようがない。しかし、その真実に至る経過、真実に対する評価、これには色々な見方があってしかるべきなんだ。光市の事件にしたって、安田さんは「被疑者は人を殺していない」と言っているわけじゃないよね。事実は事実と認めた上で、その評価の問題、そこに至る経緯の問題、そこにはいろんな見方があって、法廷で議論がなされるのが当然だと思うんだよ。

佐藤　安田さんというのは大いなる誤解を受けていると僕は思うんです。みんな彼のことを革命家だとか、反体制の活動家みたいに勘違いしているんですけど、そうじゃない。結局、あの人は司法原理主義者というだけのことです。法律という武器で体制と戦おうとしているのは事実だけれども、それでは絶対に体制転覆《てんぷく》できないんです。法律というのはしょせん体制側の道具なのですから。

実際、私たちに安田さんが言っていたのは田中さんと同じことでした。つまり、殺人事件にしても公安事件にしても事実は一つであり、弁護士として絶対にやったらいけないのはそれをいじることだと。ここをひじょうに強調していましたね。

【山口県光市の母子殺害事件】１９９９年4月14日山口県光市で当時18歳の少年によって当時23歳の女性と生後11カ月の娘が殺害された事件。検察側は加害者の少年に対し死刑を求刑。主任弁護人の安田好弘は母子殺害は計画的でなかったと主張したが、これに対してマスコミ、世論から猛烈な「安田バッシング」が起きた。

【安田好弘】１９４７年、兵庫県生まれ。刑事弁護士として、「新宿西口バス放火事件」、「山梨幼児誘拐殺人事件」などの死刑求刑事件で弁護を担当し、死刑判決を回避させた。１９９５年にはオウム真理教の教祖、麻原彰晃《あさはらしょうこう》の主任弁護人を担当。しかし公判途中の１９９８年、受任していた企業の財産隠蔽《いんぺい》に関連して強制執行妨害容疑で逮捕され、およそ10カ月間拘禁された。これは、俗に「安田事件」と呼ばれ、日弁連やアムネスティ・インターナショナルが当局に激しい抗議を行なった。この事件に関して、東京地裁は無罪判決を下した。

なぜ「ヤメ検」を刑事事件の被告は頼るのか

田中　ところが一般の人は、弁護士というのは依頼人のために事実を歪曲《わいきょく》したり隠蔽したりするものと思っているんだ。だから検事から弁護士になるというのは、正義の味方から闇の番人になるみたいなことだと立花さんでさえ思うわけでね。

佐藤　そこはすごく重要な点だと思います。安田さんが理解されないのと田中さんが誤解されるのは同じ構造です。

実際、『反転』に描かれている弁護士時代の田中さんの手法を見ていても、基本的には不起訴か起訴猶予に持ち込むという形を取っていて、法廷で事実関係を争おうとはしていません。というのも、刑事事件の99・9％で有罪判決が出るという日本の現実がある以上、法廷で争っても何の意味がないと田中さんが考えているからだと思うんです。これはすごく現実的なやり方だと思う。

田中　実際、裁判の土俵に上がってしまったら、検事の書いた調書の信用性すら覆すことができないんだから。

裁判官にだって分からないものが弁護士なんかに分かるわけがないんだ。それくらい調書というのは巧妙にできているものだからね。

だから、実際に弁護士の力が発揮できるのは、やっぱり逮捕されるまでだと僕は思う。逮捕されてしまったらこれはもう誰が弁護をやっても大差はない。特に刑事に関しては、まったく差がないと言ってもいいと思う。

佐藤　これはひじょうに重要な話です。特にこれから自分は捕まりそうだと思っている人にとって貴重なアドバイス（笑）。

田中　そもそも、そうやって法廷で事実の有無を争おうと思ったら、事件のツボ、核心が分かっていないと当然務《つと》まらないじゃない？

だからたいていの弁護士が刑事事件を嫌がるものなのよ。実際、プロパーの弁護士で刑事弁護専門にやっている人なんてほとんどいないんだ。刑事事件の実情を一番理解しているのはやっぱり特捜のヤメ検ということになるよ。だから必然的に僕みたいな弁護士のところに刑事事件の被疑者が多く集まってくるというわけ。

ところがヤメ検というのは事件の扱い方の心得を分かっているだけに、被疑者にとってどこが一番のウィークポイントなのかということも見えてしまう。だからこそ、ある程度突っ込んだ「アドバイス」までしてしまうものなんだ。そこに「弁護活動」と「証拠隠滅」との際どい一線があったりするわけで、下手すると一緒に捕まってしまう。それは何よりも僕自身が証明しちゃっていることなんだけれどもね。

「検察不信」は国家の危機につながる

佐藤　そういった刑事裁判の実態も含めて、田中さんが『反転』を書かれたことには、やはりメガトン級の意味があったと思います。この本が出たことによって初めて等身大の特捜検察の姿というものが浮き彫《うぼ》りになったんですから。ちなみに部数は今どれくらいですか？

田中　今、27万部（2008年2月6日現在）くらいかな。

佐藤　それってやっぱりすごい数字ですよ。ただ、それと同時に、今の日本で司法制度そのものが危機に直面しているという事実も、実はこの数字が象徴している気がします。

これは『反転』だけに当てはまることではなく、たとえば僕の本が読まれたりしていることとか、鈴木さんにまたバッジが付いたということなんかとも重なってくるわけだけれども、これまでだったら特捜検察に捕まって有罪を食わせられたら、もう社会的に抹殺されたのも同然だった。

しかし、今我々はこうして表舞台で声を発することができてしまっている。それはやはり「検察の権威」が揺らいでいるということの証拠であると思うし、ひいては日本という国家そのものの危機にもつながっていると感じる。この点において僕は国権主義者だから、検察にはもっと危機意識を持ってもらわないといけないと思っているんです。

田中　でも、実際検察の連中は屁《へ》とも感じていないだろうね。検察というのは自分たちにとっては都合のいい世論には敏感だけれども、マイナスの話にはまるで耳を傾けないものだから。きっと「何をバカどもが批判しているんだ」という感覚だと思うよ。実際、中にいるときは僕自身もそうだった。自分たちこそが正義であり、国民から選ばれた政治家よりも偉いと思っているんだから。だから、僕の本が売れてもむしろ「これで検察志願者が増えるんじゃないか」って、その程度の感覚しかないと思う。

佐藤　その点で我々が絶対に勘違いしちゃいけないのは、どれだけ僕たちが声を荒げたところで検察が積み重ねた事実の前には絶対に敵《かな》わないということです。

田中　それは裁判所に対しても同じことが言えるだろうね。特に僕の場合は「お前は刑務所に行きなさい」と実刑判決を下されているわけだから、その中で僕が何を叫ぼうと、世間から見たら99対1にしかすぎない。僕が言っていることはしょせん1なの。

佐藤　でも逆に言えば、その1を持てているというだけでも幸せなんですよね。普通は100対0で終わっちゃうんだから。

商業主義の論理が動けば、日本は動き出す

田中　やっぱり本を出したことによって、周囲の目が変わってきたことを少しは肌で感じるも

んね。佐藤さんは『国家の罠』を出したことによって、風向きが変わったなという実感はありました？

佐藤　それはやっぱりありました。何よりもマスメディアに登場できるようになったのが大きかった。これは版元が新潮社だったというのがよかったと思うんです。というのも鈴木宗男叩きの中心になっていたのが新潮社であり、「週刊新潮」だったから。その版元から出版したというインパクトは大きかったでしょうね。

でもその分、新潮社もちゃんとリスクを負ってくれたんです。当時の流れの中で見たら明らかに逆打ちになっちゃうわけだし、公権力が提示した事実に新潮社も含むマスメディアが騙《だま》されていたということを証明してしまうわけですから。

また、その一方で出版社の編集者は虚心坦懐《きょしんたんかい》な目で原稿を読んで、まずはマーケットで受容されるのかどうかだけを考えるんですね。僕の本に対する読者のニーズがあるかどうかを考え、出版するかどうか判断する。だから僕は商業出版というのは、ある意味ですごく健全だと思うんです。

その意味で、僕は『反転』に期待しているのは50万部というラインを突破してくれないかという点ですね。もし、この本が50万部以上読まれたら、商業主義の論理が動き出す。つまり、テレビドラマか映画にしようという話になる。まあ、これが普通の本だったら、すでにそういう動きが出てきてもおかしくはないと思うんですが、東京地検特捜部を相手にしなければいけないことと、具体的な任侠団体の人たちが出てくるというところで、プロデューサーはひじょうに悩むところだと思うんです。

田中　たしかにそこはむずかしいだろうね（苦笑）。

佐藤　ただし、50万を超えるとなれば話が違ってくる。本気で知恵を出そうという気持ちになる人が出てくるはずなんです。この理由は明確で、億単位のビジネスになるから。そこはまさに新自由主義の時代だからこそ、質量転換が起こるはずだと思うんですよ。そしてそれが起きてきたときには、いよいよ別のスパイラルに入ってくる。

検察に対して、今の我々が対抗できる方法はたった一つしかありません。田中さんが出すメッセージ、あるいは僕が出すメッセージが、検察の出すメッセージよりもメディアにとってお金になること。今のところは圧倒的に検察のメッセージのほうがカネになります。なぜかといえば、検察のメッセージで商売をするのはコストがかからない。

田中　公式発表をそのまま流すだけで、それがニュースになるわけだからね。

佐藤　だから検察や警察がメディアに提供する情報というのは、それ自体がもう巨大な利権なんですよ。我々の著作など、いくらよく売れたと言ったところで合わせても50万部程度です。そんな数字、ビジネスとして見た場合、検察が今発信していることによって作り出されるカネのほんの数万分の一にすぎません。その程度じゃ何の影響力も持つことができない。ところがこれが1パーミル、1000分の1になってきたら影響を与える力が出てくるんじゃないかと思う。

田中　うねりとまではいかなくとも、少しはね。

佐藤　少なくとも商業社会の枠組みの中に入ることはできるんです。いや、でも田中さん、これは本当に良い本ですよ。これまで『反転』の社会的意義について語ってきましたが、そんなことを言わなくても、圧倒的な面白さ、展開の面白さがあって、一晩で読ませてしまう力がありますから。

田中　本当にありがたい。

佐藤　これ、どこかの出版社が英訳したらいいと思うんですよね。日本の裏社会と表社会のつながりに関するものって、実はアメリカですごく需要があるんです。というのも、外国人には分からないでしょ？　日本のヤクザというのはベールに包まれているし、表の政治プロセスだって見えにくい部分が多すぎる。それが浮き彫りになっている。

言い換えると「日本ってこんな変な国なんですよ」という本をアメリカ人なんかは実は読みたがっているわけです。読んだら絶対に驚くだろうし、「日本はやっぱり恐るべきマフィア国家だった」と納得する（笑）。だからアメリカのその流れの中に入って、それは日本の国益のためにプラスになるかどうか分からないけども、商業主義的には絶対その切り口でいけると思う。そうすれば50万などというラインも軽く超えていくはずです。

ともあれ、『反転』の出版と、田中森一の出現は、この国の司法と正義を考える上で、ひじように重要な出来事になったはずです。今後それがどのように展開していくのか、楽しみな要素が多いですよ。

第1章

国策捜査はこうして作られる

国策捜査と国策不捜査

田中　佐藤さんの『国家の罠』が出てから「国策捜査」という言葉が急速に世間に広まったわけだけど、この言葉が正しく理解されているかといえば、そうでもないように感じる。どうも一般的には、国策捜査とは「作られた事件」であるというふうに思われているんじゃないかな。つまり、検察が最初に事件のストーリーを作っておいて、そのストーリーに沿った形で捜査し、調書を作って起訴するのが国策捜査だというふうに思われていると感じる。しかし、それは国策捜査に限った話じゃなく、実は検察が行なう捜査全般に当てはまることなんだよね。

佐藤　要するに検察が考えたストーリーだけが日本の法廷では真実とされる。国策捜査に限らず、検察が起訴した事件が99・9％有罪になるわけですからね。

田中　では、国策捜査の本質が何かと言えば、結局のところ「体制を守るための捜査」、もっと言うと「時の権力の中枢を守るための捜査」ということになるのかな。

佐藤　実際そこでどういう捜査方法が取られるかというと、戦後の日本では「治安維持法」が廃止されました。つまり、日本には政治犯罪が存在しないという建前になっているわけですが、しかし、国家や体制にとって好ましくない存在としての「政治犯」は存在する。そこでこの国の場合、検察が政治犯罪を経済犯罪に転換するというやり方が行なわれている。

田中　だから国策捜査は往々にして贈収賄事件や政治資金規正法違反、あるいは脱税事件といった形で行なわれるわけだけれども、ここで僕が一つ言いたいのは、体制を守るために捜査に乗り出して、政治家なんかを摘発するのはむろん国策捜査なんだけども、逆に検察が自ら事件を握り潰《つぶ》すケースもあるんだということ。これも一つの国策捜査なのよ。「消極的な国策捜査」「不作為《ふさくい》の国策捜査」とでも言おうか。

佐藤さんの場合はたまたま積極的な国策捜査のターゲットになったわけだけど、実はそちらのほうが稀《まれ》なのかもしれない。僕が検察の内部にいていつもいらつかされていたのは、たいていがこの消極的な、不作為の国策捜査のほうだったな。

佐藤　「国策不捜査」と言ったほうが分かりやすいかもしれないですね。

そうした話が『反転』の中にもありました。田中さんが当時の大阪府知事の金脈問題を摑《つか》んで、いよいよ強制捜査に乗り出そうとしたら……。

田中　当時の大阪地検の検事正だった村上流光さんから「お前はたかが5000万で大阪を共産党の天下に戻すつもりかっ」と怒鳴《どな》られた。

佐藤　当時の岸《きし》大阪府知事を退陣に追い込んだりするようなことになれば、共産党知事になるじゃないかというわけですね。

田中　それで結局、捜査班は解散させられるわけだけど、たしかに、体制を守るためには「国策不捜査」は必要だと頭では理解しているんだよ。でも、やっぱりね……。

佐藤　当時は東西冷戦の時代ですからね。与党側の腐敗汚職を徹底的にやっていって、その結果として社共政権ができたらどうするんだ。そうしたらソ連に利する政権ができてしまうじゃないかと。こういう考えが当然権力の側には働きますからね。となれば、そんな汚職事件に乗り出せるはずがない。

これはソ連の崩壊後にクレムリンから秘密文書が出てきたので事実と確認されたのですが、冷戦中、日本社会党などに対してものすごいお金がソ連共産党から流れていました。ソ連は政権転覆の可能性を虎視眈々《こしたんたん》と狙っていたということです。この資金の流れはソ連という国がなくなる1991年の12月まで国際的なオペレーションの中で行なわれていたのですが、そういった現実を前にしてしまえば、やっぱり国策捜査、この場合は国策不捜査は必要だったと言えるでしょうね。

田中　あとで分かったことだけれど、あの事件のときには裏で中曽根《なかそね》首相が動いて、検察のトップと手打ちをしていたらしい。

佐藤　最近の例で言えば、これはぜひ国策不捜査に発展してほしいという願いを込めて言うのですが、旧防衛庁の元技術研究本部技官が潜水艦関係の情報を中国側に渡していたとされる事件がありました（2007年2月に送検）。あのときに私が心配したのは、もし、この事件で裁判が行なわれたら大変なことになるということでした（結局は嫌疑不十分で不起訴）。

というのも、今の裁判のシステムだと、どんな裁判でも秘密法廷にはできないので、外交機密や国家機密がまったく守られないんです。僕のときがまさにそうでしたから。
そうすると中国でもどこの国でも、傍聴席に人間を潜り込ませることができてしまう。そうすれば防衛庁の中の人間関係や今の技術研究本部の機構図、その人に与えられている権限など、日本が本来秘密にしていなければならない情報が公判の過程で全部表に出ちゃうんです。本当だったらこうした裁判は軍事法廷みたいな非公開の場で行なわれるべきなのに、そうした制度がないというのは確実にこの国の国益に反することだと思うんですけどね。

世間の拍手喝采を求めたがる官僚たち

佐藤 それで話を戻しますが、今のような国策捜査のあり方はいつ頃できたものなんでしょう。やっぱりロッキード事件ですか。

田中 象徴的なのはやはりロッキードということになるんだろうね。僕の岡山大学の先輩でこの事件で指揮を執《と》った元検事総長の吉永《よしなが》祐介《ゆうすけ》さんは、酒を飲むたびに「ロッキードほどやりやすいは事件なかった」って言うもの。何でも政府が協力するっていうんだから。邪魔が一切入らず、予算はふんだん。イケイケ、ドンドンだったたって。

佐藤 しかも世論の後押しもすごいわけですからね。

田中 特捜部としたらこれほどやりやすい事件はなかったんだろうと思うよ。しかし、それが毒リンゴだった……とまでは言わないけれども、食べちゃいけないものを食べてしまったという側面はあったのかもしれない。ロッキードの大成功が、今の特捜の根底にあると言えるのかも。

佐藤　「ロッキードは毒リンゴだった」とおっしゃいましたが、その毒リンゴにはもう一つの意味があるような気がします。つまり、ロッキードの成功は検察組織としてのあり方を変えてしまったということはありませんか？　これは検察だけではなく外務官僚にも当てはまるので、ロッキードだけが原因だとは言えないのですが、「マスコミから褒《ほ》められたい」ということを異常に気にする役人が増えてきた気がするんです。

田中　世間から拍手喝采を受けたい、褒められたいというわけだね。

佐藤　外務省にもその顕著な一例があって、川口順子《かわぐちよりこ》さんが外務大臣に再任されたときに、省内の士気が下がっているということで「川口賞」というものを作りました。半年に一組、よく仕事をしている人、課、大使館を表彰するというもので、賞品に赤いTシャツを渡すことになった。「Challenge MOFA（挑戦、外務省）」と書かれただけのTシャツで、どうせそう大した物ではないんだけれど、そんなふうにしてみたら、ものの見事にみんなが競争を始めたわけですよ。今でも外務省のホームページにはそのTシャツぶら下げて、にんまり笑っている官僚の写真が掲載されています。

本来、公務員がそんなふうに外部からの評価を気にして、世間にアピールすることに魅力を感じるということ自体が異常なんです。そもそも公務員が法によって身分を保障されているのは、外部の声なんか気にせずに仕事をせよということであって、仕事の評価は職場での人事と昇進だけでやればいいことです。

ワニになるよりもカエルになれ

田中　たしかに検事にも新聞記事を気にしている連中は多いね。新聞にどう書かれるかと気にしすぎている。それと、これは佐藤さんの意見と違うのかもしれないけど、やっぱり僕は出世を意識しすぎ、上司を意識しすぎの人間が多すぎるとも思うんだ。

これは『反転』の中にも書いたことだけれど、農林大臣経験者絡《がら》みの贈収賄事件をチームでやっていて、僕が贈賄側の社長の取り調べを担当して、一つ下の後輩が専務を担当していたことがある。それでこの社長が僕を信用してくれて、事件の顛末《てんまつ》をすべて僕にしゃべってくれたわけだよ。

本来だったらここで僕は上司に報告しなければならなかったのかもしれないけど、僕はその前に一緒にチームを組んでいた後輩に指示したの。「社長が白状した。贈賄の話は専務もよく知ってると言ってるから、お前の担当している専務に聞いてみろ」ってね。そうしたら案《あん》の定《じょう》、専務のほうも「私がカネを持っていきました」ということになったわけ。ここまでだったらいい。

ところが、その後輩は専務の調書を取ったら、僕には内緒でまっすぐ主任検事と副部長のところに持っていった。その結果、僕が上から呼び出し食らって「田中君、君がやっている事件の専務がこんな供述しているのに、君は何をやってるのかね。社長の供述は取れていないのか」と言われたんだ。

それでもうこっちは頭プッツンと来ちゃったわけよ。その後輩を事務官の前でどやしあげて、「お前、今までどんな教育受けてきたんや！　お前はそんなに出世がしたいんか！」と怒鳴りつけてやった。まぁ、結果的にその後輩は検事長にまで上り詰めていったんだけどね……（苦笑）。

佐藤　その点については、僕は一緒にチームを組んだ若い連中に、あらかじめ教育をしていましたね。「上を向く（出世を望む）のは官僚だからしょうがない。でもそれには二通りあるぞ」と。
同じように上を見ていても、カエルとワニは違う。カエルだったらピョーンと真上に飛び跳ねるだけだから周りには迷惑がかからない。だけど、ワニが跳ねるときにはシッポが動く。そうすると周りにいる連中がパンパンパンパンとシッポに弾かれて迷惑を蒙《こうむ》る。上昇志向はいいが、ワニにはなるな。カエルになったほうがいいぞと――こういうふうに言っていました。

「はじめに筋書きありき」の検察捜査

佐藤　そこで話を国策捜査に戻せば、自分が経験して初めて分かったのは、日本の司法というのは恐ろしいところで、捕まった瞬間にすべてが決まっている世界だということです。検察から起訴されてしまえば、もうオシマイ。さっきも言ったけれども、裁判所は検事の作った調書しか信用しない。どんなに嘘八百で作り上げられた調書でも、それが法廷に提出されたら真実になる。

田中　調書に関して間違いなく言えるのは、特捜の作る調書はひじょうに精巧にできているということ。そして怖いのが、たいていが供述だけで調書が作られていくということ。

本来、事件というのは客観的な証拠があるのが一番いいんだ。ところが佐藤さんがやられたような国策捜査とか、僕がやられているような事件というのは、そういった物証がほとんどない世界なわけだよね。だから、関係者、当事者一つ一つの言葉に意味を持たせて、色を付けなきゃいけない。つまり、こっち（検察）の考えているストーリーに当てはめていかなければいけないわけだ。

佐藤　これはぜひ読者に強調しておきたいのですが、普通、検察や警察の捜査というと、たとえばこんな手紙が出てきましたとか、手帳にこう書かれていましたというような、動かざる証拠が出てくるものだと思われている。テレビドラマなんか見ているとほとんどがそうですからね。ところが、こと特捜案件というのは、証拠のほとんどが誰かの供述しかない。つまり、誰かが自分を守るために嘘の供述をしてしまっても、それが証拠として採用されるわけです。

それはいくらなんでもひどいだろうという話を検事にしたことがあるのですが、検事は「お前たちみたいな知能犯が物証なんか残すはずがない。だからこっちとしては関係者の供述で調書を作るしか方法がないんだ」と、こんなふうに切り返されたな。

田中　お金のやり取りなんかは、特にそうだよね。

たとえばここに1万円というカネのやり取りがあったとする。それは貸したお金でもあるかもしれないし、借りたお金を返したものかもしれない。あるいはお世話になったお礼なのかもしれないし、お中元という可能性だってある。でも、一万円札をいくらひっくり返しても、そんなことは分からないわけで、結局、そのお金の意味を客観的に証明することなんてできないのよ。

だから言葉だけ、自分以外の誰かの言葉だけでそれが証明されてしまうんだ。これが「言葉に意味づけをする」ということ。特捜案件の調書というのはもうこれしかない。

佐藤　僕はそのやり方を知ってからというもの、檻《おり》から出た後、自分の銀行口座からお金を引き出すことはあっても、自分で入金することは絶対にやらなくなった。たとえば旅行に行くために引き出したカネが余ったとしても、それを口座に戻さない。

どうしてかというと、出所のはっきりしないカネが口座に入った痕跡があると、どんな話を作られてしまうか分からないから。３つか４つの供述を掛け合わされて、「このカネはどこぞの商社からもらった賄賂を入金したんだ」と作られちゃうかもしれないんです。事実、「そうやって調書は作るものなんだ」と僕を取り調べた西村尚芳《にしむらひさよし》検事は教えてくれましたから。

田中　いや、実際作るのよ。僕自身もそうやってきたし、後輩にもそう指導してきたんだからね。またそういう能力に長《た》けている奴に限って特捜に引っ張られたりするの。

佐藤　ただ、西村検事の名誉のため言っておくと、彼はこうも言っていましたよ。「そうやって調書を作るときは、その筋書きに絶対の自信があるときだけだ」と。それと「たとえば細かいディテールではちょっと無理があったとしても、大筋においてはこいつがやったということは明白で、社会的に断罪しないといけないと確信した場合だけだ」ってね。

検察調書こそが「真実」とされる日本の司法制度

田中　だからこそ、その筋書きがしっかりしてないと困る。自分の知らないところで、上層部で作られた、いい加減な筋書きに乗せられてしまった場合が怖いんだ。

実際、佐藤さんの事件だって佐藤さんの弁解を、それこそ10分も聞いていれば「あれ、おかしいな」って気付くはずだと思うんだ。しかし、そうやって佐藤さんの話を聞く前にストーリーばかりかディテールまでができてしまっているんだから、これは絶対におかしなことになっていくに決まっている。

世の中では「検察独立の原則」と言って、個々の検察官は自分の良心にしたがって公平に働くことになっているんだということになっているけれども、その一方で「検察一体の原則」というものもあって、組織の枠を踏み越えて一人一人の検察官が好き勝手にやれるわけではない。どれだけ綺麗事《きれいごと》をいっても、しょせんは検察庁も組織だから。

佐藤　しかし、そうやってあやふやな証言に乗っかって作りあげた調書が、裁判所に行けば絶対的な証拠になってしまう。

田中　いかに筋書きに無理があっても、その点に関しては検事の調書は論理がびしっと通るようにできているからね。たとえ裁判官が「これはちょっとおかしいんじゃないか」と思っていても、検察側の申し立てを引っくり返すには、検事調書の矛盾とかを論破しなきゃいけない。しかし、検事はそれを見越して法的にキレイな論理を立てて、もっともらしい検事調書を作ってるわけだから、裁判官もどうにもならないわけ。

佐藤　検事が作る検面《けんめん》調書と、警察が作る員面《いんめん》調書ではやはりその点が大きく違いますよね。やっぱりＰ／Ｓ（prosecutor sheet、検察官面前調書）のほうがしっかりとした論理を立てています。

田中　警察官も今ではほとんどが大卒採用だろうけど、大学時代に法律の勉強などあまりしてきてないだろうし、一方の検察官は司法試験を通ってきた連中なわけだから、その点については自然と差は出てくる。ただ、法律的な側面を除いて事実だけを赤裸々に書かせようとしたら、より現場に近い巡査部長といった立場の人が迫真性のある調書を書いたりするけどね。

しかし、論理性ということでいえば、検事の調書のほうが本当によくできている。証言の矛盾点を突かれるようなことはほとんどない。弁護士がそれを探すのなんてまず不可能だし、裁判所だって頭の中では「本当は無罪」と思っていても、その調書を引っくり返すことなんてできないんだ。だから当然、判決だってこじつけみたいなのが多くなってくる。

佐藤　でも、検事も裁判官も自分たちがこじつけているとか、おかしなことをしているなんて夢にも思っていないでしょう。

田中　いやいや、思っているよ。それは確実に思っている。だからこそ良心の呵責《かしゃく》というものが出てくるんだ。

何度も言うように検察の捜査というのは「はじめに筋書きありき」というところから始まるわけだよね。そして現場の検事はその筋書きのとおり突き進んでいかなければならない。だけど、取り調べる相手は生身《なまみ》の人間であって、返ってくる答えも人によってまちまちだ。そうするとやっぱり疑念みたいなものは湧いてくる。個人の良心が揺さぶられるとも言える。だからね、検事たちが取り調べの合間にお茶なんかを飲む控室のようなものがあるんだけど、そこにいるとみんな本音を吐露《とろ》し合ったりするんだよ。

「検事から控訴されないこと」が裁判官の考査基準

佐藤　なるほど、そこは明確に外交官と違う点ですね。というのも、外交官は一度「これで行く」と決めたら良心の呵責なんて持たないですから。

良心の呵責なんて感じる奴はかなり早い段階で自分から脱落していくし、僕自身そういう部下は使わなかった。あるいは、組織の正義と個人の正義が同化するのを待ってからオペレーションを開始する。外交の世界を生きる連中はそういうところは怖いですよ。自分がやっていることは正しいと信じて疑いませんから。

田中　外交とは国家と国家の戦いなんだから、そうじゃないといかんのかもしれんね。

佐藤　そもそも国際法なんて、あってなきがごとしというのが外交の世界ですからね。国際法の世界の数少ない原則の一つは「合意は拘束する」、つまり、合意したことは守られなければいけないというわけだけれど、これは裏を返せば、相手が文句を言ってこないかぎり、何をやっても許されるというのが外交の世界なんです。

で、私もそういう意識で行動してたらそれが逮捕につながってしまった。というのも、イスラエルにいるロシア問題の神様と言われているゴロデツキー教授を日本に招待したり、あるいはテルアビブの国際学会に日本の学者を送ったりするために資金が必要だった。そこで、僕は当時の上司の了承を得て、事務次官の決裁まで取って、日本の外務省が作った「支援委員会」という国際組織から3300万円のカネを引き出した。この支出についてはロシア側も文句を付けてないわけだし、手続き的にも問題がないはずなのに、検察はこれが背任に当たるんだと言ってきたわけです。

田中 そもそも上司の決裁も得ているわけだから、最初から無理な筋書きだよね。

佐藤 ところが、「佐藤優の後ろには鈴木宗男がいたので、怖くってサインしました」なんて証言する外務省幹部が出てきて、それが裁判でも認められてしまった。

田中 今はどうなっているか分からんけども、少なくとも僕が検察にいた頃は、裁判所では裁判官の人事考課の判断材料として「検事から控訴されないこと」というのが入っていたくらいなんだから、最初から裁判官は検事と対立する気なんてないんだよ。

佐藤 もし無罪なんか出してくれる裁判官がいたとしても、100パーセント控訴されるわけですし。

田中 裁判所にしてみれば弁護士なんかにいくら控訴されたってかまわんのよ。「そもそも弁護士なんて控訴するのが仕事みたいなものなんだ」という程度にしか考えていないんだから。だけど検察に対しては絶対にそう思わない。検察の求刑内容は組織の中で決定されたものだから、それを頭から否定して無罪にするのは何かと差《さ》し障《さわ》りがあると考えて、折り合いをつけようとする。

それに、かりに裁判官が量刑不当と判断したとしても、そこで検察の求刑を半分に切ったらかならず検事から控訴されると分かっているからね。実際、検察の内部にもそういう規約じゃないけど、決まりみたいなものがある。だから裁判官は求刑された刑期の半分に2カ月だけプラスしてくるのよ。懲役3年の求刑に対してだったら1年8カ月といった具合に。そうすれば検察は控訴してこないから。そこまで気を遣うの。変な話なんだけど。

こうして検察調書は「作られる」

田中 特捜の捜査というのは「最初に筋書きありき」で始まるわけだけれど、このごろはそのやり方がずいぶん荒っぽくなったのは事実だと思う。実際、最近、特捜に捕まって裁判にかけられて、世間の耳目《じもく》を引いているような事件というのは、ほとんどの場合が法廷で争いになっているでしょ。それは僕の事件でも同じ。検察が指摘することがちゃんとした真実なのだとしたら、僕だってわざわざ本を出そうなんて考えないし、「ごめんなさい、反省しました」って言っていたと思うよ。佐藤さんだって、きっと今とは違う態度だったと思うんだよね。

佐藤 そりゃそうですよ。

田中 ライブドアの堀江貴文《ほりえたかふみ》にしたって、村上ファンドの村上世彰《むらかみよしあき》にしたってしかりじゃない？　逮捕されたときにはいったん頭下げた人たちが、なんであんなふうに法廷で争うかといえば、それはやっぱり自供させた経緯や、そこで作られた調書に問題があるに決まっているんだ。例の鹿児島の選挙の事件にしたってしかりでしょ。

佐藤　鹿児島というと、例の県議会選挙違反事件ですね。あれに関しては裁判で無罪判決まで出されてしまった。

田中　でも、あの裁判で無罪判決が出たのは、警察の作った調書に頼ったから。その点で当局は少し脇の甘いところがあった。さっきも言ったように、検察の調書というのは信用性がまるで違うんだ。

佐藤さんもよくご存じだろうけど、普通は調書を作ると、それを読み上げて「調書に書かれていることに間違いありません」と被疑者に署名をさせる。普通はこれで一応の信用性があるということになるんだけれども、さらに信用性を持たすために、わざと事実とは違ったことを調書に書き込んでおくわけ。

たとえば、調書の中で被疑者本人に現場の図面を描かせたりすることがあるんだけれど、普通は、そんな細かいディテールなんか忘れてしまっているよね。だからたいていの場合、こっちが実況見分の結果を被疑者に伝えて描かせる。場合によっては実況見分の図面を上からなぞらせたりもするのよ。これは実際に鹿児島の事件でも行なわれていたらしいね。

警察の調書はここ止まりなんだけれども、これが検察の調書になってくると、もうちょっとテクニックを使う。

たとえば椅子の配列があるとする。もちろん、実況見分しているからこっちは正確なデータが分かっているんだけども、そこをわざとちょっといじるわけね。二つあった椅子をわざと3つにしてみたりだとか、4つあったのを一つにしてみたりだとか。そうやって少しだけ間違いを作っておいたほうがかえって信憑性《しんぴょうせい》が増すんだよ。

そういうのは図面だけでなくて、調書の文章の中でもやる。たとえば佐藤優の「優」を「勝」とわざと書き間違えたり、田中森一の「森一」を「守一」としたりするわけだ。その調書を被疑者に読み聞かせれば、被疑者は「いや、佐藤マサルのマサルはこうじゃないんですよ、田中モリカズのモリは違いますよ」と、こうなるじゃない？　で、そこで訂正しておけば、もう検察の思うつぼ。

というのも、それで実際に裁判が始まって、ある争点に関して被疑者が「いや、私はそんなこと言った覚えはありません。事実はこうなんです」と言ったところで、判事は「あんた、そんなこと言うけども、この中でわざわざこんな誤字脱字まで訂正しているじゃないか。文字の間違いを検事はちゃんと直してくれたんでしょ？　名前まで直してくれているじゃない。それなのに自白を強要されたというわけ？」と聞くわわね。こうなってしまえば裁判所は検事の調書の信用性を否定することができなくなるんだ。

佐藤　ひじょうに高度な手法ですよね。裁判における調書の問題について、もう一つだけ指摘しておきたいのは、本来「真実」というのは「任意性」と「信用性」の両方が組み合わさったときに初めて認定されるはずですよね。ところが裁判で争う場合というのは、たいていの場合「任意性」だけが問題になる。つまり、供述内容の信頼性などよりも、任意で行なわれたかどうかを裁判所は問題にする。実際のところ、調書というのはほとんどが検事の嘘や作文なのに、そういうあたりはなぜか問われない。いくら信頼性に問題があると訴えても、そこだけは裁判所は絶対に認定してくれないんです。

田中　そりゃ裁判所は認定できないよ。だって裁判官は表に出ていること、つまり調書や証言だけで判断しなきゃいけない。裁判所は自分たちで捜査をするわけじゃないからね。で、その表に出ている部分については、裁判で覆されないように検事は上手に作っているんだから……。

結局、調書というのはいかようにも作れてしまうものなの。それに加えて裁判官には「検事から控訴されないのが、いい判事」という縛《しば》りもある。そういったものがすべて合わさって、刑事事件の99・9％が有罪という数字が弾き出されるんだ。国策捜査とか検察の捜査というものは往々にして冤罪《えんざい》事件が多いということは明白だけど、真実を裁判で解き明かそうなどというのはしょせん幻想にすぎないということよ。

【鹿児島の選挙の事件】　2003年4月の鹿児島県議会議員選挙に関連して、当選した中山信一《なかやましんいち》議員陣営が曽於郡《そおぐん》志布志町《しぶしちょう》（現・志布志市）の集落で住民に焼酎や現金を配ったとして中山議員やその家

族、住民らが公職選挙法違反容疑で逮捕された事件。鹿児島地方裁判所は、唯一の証拠とされた供述調書の信用性に疑問があるとして、被告全員の無罪を言い渡した。

国策捜査は誰がやらせるのか

佐藤　さて、そこで問題になってくるのは「そもそも国策捜査の号令をかけるのは誰なのか」という問題なんですが、田中さんはそのあたりはどう思われますか？

田中　国策捜査を命じているのは検察庁自体なのか、それとも外部の政治家なのか——同じことは田原総一朗さんからも聞かれたんだけれど、ほとんどは検察トップの判断で、政治家が干渉してくる例はあんまりないだろうと僕は思っているよ。

ただ、検事総長やら次長検事やらにまで出世する検察のエリートは「赤レンガ派」といって、現場よりも法務省勤務のほうが長い。そういう人たちは法案作りや何やらで日常的に政治家と接触しているわけだから、考え方も自然に権力寄りになってくると思うんだ。だから、政治家から圧力を受けなくても、結果的に政治家と同じ発想で行動をしてしまうということがあるんじゃないかな。

佐藤　最終的に決断を下すのが法務省トップなのか、官邸なのかは藪《やぶ》の中だとは思うんですけれど、その最終決断を突き動かす決め手の一つはやはり社会のうねりや世論といったものになってくるんじゃないかと僕は思うんですね。つまり、「国策捜査は誰がやらせるのか」ということの答えは、やっぱり「国民」ではないかと。

特捜検察は強大な権力を持っているというけれど、その検察も国民世論というものがないと何も動けない。検察って、自分たちに都合の悪い世論に対しては見向きもしないものですが、都合の良い世論に対しては異常に敏感で、自分たちに追い風が吹いていると思えば、かなり無理な捜査だってやりかねない。

田中さんは石橋産業事件で逮捕・起訴されるに至ったわけですが、逮捕される前に「世の中の風が自分に対して逆向きに変わったな」と感じたりしたことはありましたか?

田中　それはもう感じていたよ。とにかく事件のことがマスコミで報じられたりするようになってからはどこに行っても、それこそ一緒に仕事をしていた弁護士ですら避けるんだから。僕と組んでやっていたら、特捜や検察庁に睨《にら》まれる、世間の信用が落ちるということで、それは明らかなもんだったよ。まさに掌《てのひら》を返すという感じだった。

かといってそれをどうこうしようとは思わなかったけどね。「いずれ真実は分かることだから放っておけばいい」と思っていた。

【赤レンガ派】　検察の中でも東大出身者は入省当初から幹部候補生とされ、法務省勤務を長く務める独自のコースを歩む。法務省旧館がレンガ造りであることから、「赤レンガ派」と呼ばれる。

マスコミもまた権力に踊らされている

佐藤　僕の場合はご承知のとおり、まずアフガン復興支援国際会議で特定のＮＧＯを排除したのではないかということで鈴木宗男バッシングが始まる。これが２００２年1月24日の話で、そこから小泉首相の決断で、当時の田中眞紀子《たなかまきこ》外相が更迭《こうてつ》になり、鈴木さんも衆議院の議院運営委員長を辞任をしたのが1月29日のことでした。この辺までは、私の存在はマスコミ報道ではメインじゃなかったんです。

　それがメインになったのは2月22日。この日に川口順子外務大臣と竹内行夫《たけうちゆきお》事務次官の二人が私を外交史料館に異動するということを決めて、わざわざ記者会見まで開いたんですよ。しかも鈴木さんの関係で処分するという形を取ればいいのに、そういうことは一切言わないで、3年を超えたから人事異動の一環でやりましたと、こういう嘘の説明をしました。ともあれ、その瞬間からです。外務省という組織が佐藤優を切り捨てたということが明らかになった瞬間から、風向きがガラリと変わりました。

　具体的な逆風がどういうものかを言い出せばキリがないんだけれど、たとえば最初の頃は部屋からゴミを出すとそれをマスコミに持っていかれるぐらいだったものが、そのうち私宛《あて》の郵便物が開封されてポストの外に落ちていたりするようになった。そういうことをマスコミは平気でやりますからね。

田中　いや、マスコミというのはやはりなかなか怖いものだよ。国策捜査は世論の風向きによって決まるというのは賛成だけれど、その下地を作っているのは間違いなくマスコミだもの。まず報道からしてレッテルを貼っているんだから。

その一番いい例が、まさに僕の事件だよ。だって、あの一連の報道を見聞きしたほとんどの人が、僕が許永中とグルになって何十億か懐に入れているものだと思っていたんだから。僕のことをよく知っている昔からの友人でもそう思ってしまう。これはもうどうやったって抗《あらが》えないよ。

ただね、だからといって、別にマスコミに反感持ったりしたことは全然ない。

佐藤　そこに関しては僕も同感です。

田中　むしろ僕の場合、検事時代から安心して付き合えたのはマスコミの連中だけだったもの。結局、特に僕や佐藤さんの事件に関していえば、マスコミが報じているのは、検察や外務省といった組織が一方的にリークした情報だったんだからね。これがマスコミが自分で取材して、あることないこと書いているんだったらそりゃ腹も立つけども。マスコミにしてみたら、それはやっぱり報道しなければならないことだったんだから。

佐藤　要するにマスコミも「ゲーム」のプレイヤーにすぎないということですよ。

社団法人共同通信とＮＨＫを除けば、新聞社もテレビ局も一応は株式会社なわけじゃないですか。その株式会社が何を追求するのかといえば、やっぱり営利となるのは当然のことです。視聴率や売上部数というものが一方にあって、もう一方には情報源である公権力というものが存在する。となれば、公権力が流す情報をどんどん垂れ流して視聴率を稼いだりしたほうが、自分たちで取材したりするよりもずっと経済効率性がいい。しかも報道が間違っていたとしても、それは自分たちのせいではないとエクスキューズできるわけなんだから。

それに、かりに公権力の言っていることがおかしいと思って、逆張りの内容の紙面作ったとしても一回は売れるかもしれないですが、その後は当局から情報の日干しにされるので、確実に苦労することになる。逆張りを何度もできるほどの取材力は今の日本のマスコミにはないわけですし、情報のないメディアからはお客さんが逃げていく。マスコミといえど、結局は資本主義社会の一員ですからね。

「本当の敵」は誰なのか

田中　そういう姿勢がメディアとして正しいかはさて置いて、マスコミを叩くというのは僕らにとっては筋違いだよね。本質はその情報をどこがリークしたのかということ。

佐藤　その意味で、私の本当の敵は情報を提供していた外務省です。結局、検察だって外務省がマスコミに提供した情報に騙されてしまった側なんですよ。外務省に騙されて「これは相当のことがあるに違いない」と突っ込んでみたら、「あれあれ、話が全然違うぞ」ということになった。しかも、その時点ではもう軌道修正できなくなってしまっていた。

これはいみじくも私の取り調べを担当した西村尚芳検事が言っていましたよ。「我々は外務省に使われた」「掃除をさせられたんだ」と。要するに外務省の中に鈴木宗男さんとの関係において恥ずかしいところをすべて知られている幹部たちがいて、自分たちで鈴木さんを排除することができないから、検察の力でやってもらおうとしたわけです。

でも結果として鈴木さんは外務省から一切お金を抜いてなかったから、外務省絡みでの案件を作ることができなかった。次に鈴木さんの秘書を逮捕して、国後島の友好の家、いわゆる「ムネオハウス」で鈴木さんを捕まえようとしたけどこれもダメ。私を通じて三井物産の事件を作ろうとしたけど結局それもダメ。それで最終的には鈴木さんの罪状は斡旋《あっせん》収賄ということになりました。受託収賄ですらなかったわけです。

しかも、その収賄事件があったとされるのが4年前のこと。田中さんはよくご存じでしょうが、読者のために説明すれば、贈収賄罪では公訴時効が贈賄側と収賄側が違っていて、「収」の側は5年なんだけれど、「贈」の側は3年で時効なんですね。つまり、鈴木さんの斡旋収賄容疑では、一方の当事者がすでに時効になってしまっているわけで、検察としては本来はすごく恥ずかしい事件の作り方なんです。

でも恥ずかしかろうが何だろうが、一度剣を抜いた以上、検察としてもやらざるを得なかった。結局、これで喜んだのは外務省だけですよ。だからそこのところでマスコミや検察を恨んでも、それはまた外務省を喜ばせるだけになってしまう。

田中　往々にしてマスコミが報道する内容って、特定の組織からもたらされた一元的な情報が多いからね。

佐藤　そうやって権力側が自分たちの持っている情報をマスコミに垂れ流すのは、ある意味では自己防衛の意味もあるんじゃないかな。

ラフカディオ・ハーン（小泉八雲）の『怪談』の中にこういう短編があります。

原題では〝Diplomacy〟となっていて、日本語訳では「かけひき」というタイトルになっていたと思うんですが、死刑になる直前のある囚人がいたんですね。その死刑囚はこれから首を斬られるということで奉行所にいるんですが、「自分は冤罪だ」と訴え続けているんです。でも、まるで聞き入れてもらえない。そして諦めた囚人は「最期の一念で絶対にお前に復讐してやる」と奉行に言うんですが、その奉行は「俺は最期の一念なんて信じない。もし、そんなものがあるのなら、首を斬られた後にそこにある飛び石に嚙《か》み付いてみろ」と、こう言うんですよ。

それでいざ首をちょん斬ると、その首がコロコロと転がっていって実際に飛び石に嚙みついた。それが奉行所の中で噂になるんです。「最期の一念というのは恐ろしい」「幽霊が出るかもしれない」とかなんとか。でも、当のお奉行は笑っているの。「俺は最初から誰よりも最期の一念の恐ろしさというものを知っていたよ。あの男は尋常ならぬ一念を持っていたし、だからどんな災いが起こるかもしれないと思っていた」と。そう、つまりこの奉行は引っ掛けの質問をしていたんです。「最期の一念は恐ろしい」と知っていたからこそ、それを「石に嚙みつく」というものに転換していた。「その最期の一念を見事に遂げて、それで成仏したから問題ない」と。事実、奉行所では何も起きなかったと、ハーンは書いているわけです。

田中　なるほどね。つまり、これと一緒で、もし佐藤さんや私がマスコミを恨むということになって、攻撃の矛先《ほこさき》をそちらに向けたら、これは飛び石に嚙みつくのと同じ構図になってしまうというわけか。

佐藤　悪いのは自分たちの保身のために嘘の情報を流した奴らです。しかも彼らは国家の公権力を行使できる立場にいる。そんなことのために我々は税金払っているんですかということこそが本質なんですよ。

調書のためには手段を選ばず

田中　ところで話は少し戻るけれど、さっきも話に出たように贈収賄の場合、通常は「贈」のほうは3年、「収」のほうは5年で時効になるんだけど、そうするとたとえば4年前の出来事を事件にしようとしたとき、すでに時効になっている「贈」側の人間というのはどんなことでもしゃべることができるのよ。だって自分は処分されないんだもんね、何をしゃべったとしても。検察はこの空白の期間をよく利用する。日本には司法取引がないとよく言われるけれども、これは一種の司法取引、いやそれ以上のものかもしれない。

繰り返しになるけど、贈収賄なんてほとんど物証なんて残っていないんだから、木当に供述だけですべてが作られてしまうの。片方に時効がかかっていて、もう片方に時効がかかってない事件というのは、得てして真実とほど遠い事件が作られてしまうもの。だから宗男さんの場合にも多分それがあったんだと思うよ。

佐藤　鈴木さんの事件に関して言えば、先方の会社社長、つまりの「贈」のほうの会社の社長は相当揺さぶられたみたいです。家宅捜査で出てきた、個人の趣味に関わることで揺さぶられた。エッチな写真とか。「これが世間に出ていいのか」とか言われたようですね。

田中　結局そうなんだよ。捜査の本筋とは何も関係がないことで、検察は脅してくる。

佐藤　以前、特捜の手伝いをしたことのある某弁護士に聞いたことがあるんですが、彼はある大蔵省絡みの事件に関わったそうで、それが何とソープランド回りだったと。つまり、高級ソープランドを内偵して、被疑者の大蔵官僚がそこでどんなサービスを受けていたかとか、どんな身体的特徴を持っていたかというのを全部洗い出して、それで調書を作ったと言うんです。

で、その調書を被疑者は見せられて「どうなんだ?」と問い詰められるわけですね。もちろん、それはまったくの別件なんだけれども、そんなものまで調べられたら「もう何でも話しますから」ということになりますよ。

田中　どんな人にも、世間に知られたくないことってあるものだからね。今捕まえられている事件よりも、知られたくない秘密があったりすればそれを取引材料に使えばいい。そうしたら、どんな調書でも作れてしまう。だから、そのために検察は尾行をやるわけよ。3カ月も尾行したら、どんな人でもやっぱり色々なものが出てくるものよ。

それは別に他人に知られたくない趣味とか、そういうことじゃなくてもいい。たとえば「お前、○月○日にどこそこで立ち小便していただろ」なんてことを言われたら、「検察はそこまで調べているのか」という具合になって、結局しゃべらなくていいことまでしゃべりだしたりするんだ。ましてや今言ったように自分の恥部、性癖に触られるようなところをやられていたりでもしたら、それは大変だよ。

僕自身の経験でもそういうことはあった。これは別に駆け引きの材料にするつもりで調べたわけじゃないけども、捜査をしているうちに被疑者がホモセクシュアルの趣味があることが分かって、「他のことは何でもしゃべりますから、それだけは御勘弁を」と泣きつかれたことがあった。

佐藤　そうなると強いのは恥知らずの人間ですね。「ソープに行って何が悪い。性欲があるのは人間として健康な証拠だ」とか。かりに「お前、獣姦の癖があるな」とか言われたとしても、「それが何だ。俺はブチ犬が好きなんだ」と居直ってみる。そう言ったら検事はどんな顔をするだろうね（笑）。そこまで居直られたらもう相手にできないんじゃないかな。やっぱりそういう感じが検察にとっては一番鬱陶《うっとう》しいと思うんです。虚勢じゃなくて、本当にすべてを捨てて立ち向かってくる奴は強いんじゃないかな。

田中　まあ、そんな人間なんて滅多にいないわけだけれどね。

取調室の空気が正気を失わせるわけ

佐藤　ところで、あの東京地検の取調室というのは独特の空気のある面白い場所だと思ったな。調べる側、調べられる側それぞれが自分の人間性を懸けた勝負の場だし、検事と被疑者にしか分からない大きなドラマがあそこで起こるわけじゃないですか。

田中　不思議な心理になるもんね。

佐藤　これは僕の観察だけれど、あそこに入ると検察官も正気じゃなくなるんです。だから、彼らも後から反省することって結構あるんじゃないかなと思うんです。「あのときは、とんでもないこと言っちまったな」とかいって（笑）。

田中　僕の場合は佐藤さんみたいに、取調室でのやりとりを克明に書く人がいないから助かったけど（笑）、そりゃあむちゃくちゃなこと言ったりしたこともあるわね。でも、そのときは真剣なんだよ。真剣勝負。

それで僕は、取り調べするほうと、されるほうを両方経験したんだけれど、今回、被疑者の立場になってみて初めて分かったことがあった。取り調べというのは不思議な心理になるもんなんだね。普通の神経じゃなくなってしまったというか。僕らみたいなプロですらあんな感覚になるんだから、一般の人たちは正常の判断なんてできなくなるんだろうなって痛感したよ。

佐藤　一番大きいのは、やっぱり外と遮断されていることでしょうね。私の場合、拘置所にいた間はずっと接禁を付けられていました。特に取り調べ期間中は、弁護士との接見時間が一日に30分ある以外は誰にも会えないし、手紙のやり取りだってできない。そんな状況に置かれると、接触時間が長い奴はみんな友だちという感覚になっちゃうんです。

田中　だから検事に情を持つようになっていくわけだ。で、ついつい取り調べでも検事に迎合するようになってしまう。それでたいていが拘置所を出てから、「ああ、しまった。あんなこと言わなければよかった」と後悔するんだけれど、拘置所にいるとだんだんと「検事だけが味方」といった感覚に陥《おちい》ってくるんだろうね。

そこで思うんだけれど、その点、佐藤さんはやはり特別だった。512日も接見等禁止措置をされていながら、検事に迎合しなかった。そんな人は1万人に一人もいないよ。僕の知る限り、佐藤さん以外には誠備《せいび》グループの加藤暠《かとうあきら》くらいのものだ。加藤は所得税法違反で東京地検特捜部に逮捕されたけれど、とうとう最後まで自分の顧客や黒幕の名前を守り通したからね。

―【接禁】　正式には「接見等禁止措置」。証拠隠滅《いんめつ》の可能性がある被疑者・被告人に関しては弁護士以―

外との面会、手紙、文書（新聞・雑誌・書籍を含む）のやり取りを禁止する措置。
【加藤暠】　1980年代に株投機集団「誠備グループ」を率いた証券業界では伝説的な人物。1981年、東京地検特捜部に逮捕されるも、88年の東京地裁の判決は加藤側の実質無罪といえるものだった。

自らの正義を疑わない特捜検察の問題点

佐藤　その点、僕の場合は担当の西村検事が、変な言い方だけれど「いい人」でしたからね。やっぱり検察官というのは、本当に「こいつは悪党だ」と思ったときは徹底的にやってくると思うんです。たとえば殺人事件の事案なんかで、「これじゃ殺された仏さんは浮かびあがらん」とか、あるいは「こんな巨悪が眠っているのは社会的に許したらいかん」とか。そんなふうに腹の底から憎いと思ったときは怖いんだと思う。

ただ、それは裏返して言うと、内心では「この筋読みに無理がある」と思っているときは、やはり検事だってなかなか強く出られないということでもある。それでも西村検事は頑張ってやっていたと思うんですが、やはり内心では無理な調べだと思っていたんじゃないかな。

僕は『反転』を読んで思ったんだけれど、もし田中さんが私の担当検事だったらそういうことなかったんじゃないかなと思うんですよ。田中さんの場合は上から言われた筋読みどおりに動いて無理な調べをするのではなくて、どこかで「ここの部分でなら佐藤と対抗できる」という枠を自分なりに作っていたんだと思うんです。たとえば、捜査案件のこの部分に関しては、検事としても人間としても恥ずかしいこと、間違ったことはしていないという確信があるところで、勝負をしかけてきたんじゃないかな。

田中　基本的に僕は自分の信念を通したほうだったからね。でも、一般の刑事事件ならばともかく、やっぱり特捜案件になれば自分の信念と組織の信念とが食い違ってくる部分が出てくるもんだよ。これは『反転』を通じて一貫して言っていることだけど、検察の良心と田中森一個人の良心はやはり違うのよ。

佐藤　でも、その点においてやっぱり田中さんは特別だったと思うんですよ。というのも、基本的に特捜検事は、最初から完全に被疑者を見下ろして、愚民視しているわけでしょ？

たとえば村上正邦《むらかみまさくに》さんがKSD事件で捕まったときなんか、担当検事が何と言ったか。

「公判では大勢の新聞記者を集め、そこでお前を徹頭徹尾辱《はずかし》めてやる。国民を欺《あざむ》き、支援者を騙したお前は偽善者だ。（中略）自己中心の卑怯者《ひきょうもの》で、町のチンピラよりも劣《おと》る政治家だということを立証してやるから覚悟しろ。公判廷でも村上という政治家の哀れな末路《まつろ》を新聞記者に見せてやる」（『証言《こうげん》　村上正邦　我、国に裏切られようとも』魚住昭より）

こんな形で悪口雑言《あっこうぞうごん》が言えるというのは、特捜検事が上が作ったストーリーにまるで疑いを持っていないことの証拠だと思うんですよ。だから怖いのは、今の東京地検特捜部の検事たちが自分たちにちっとも疑いを持っていないということです。特捜検事といったってわずか30人くらいでしょ？

田中　今はもうちょっと、40くらいいるのかな。

佐藤　かりに40人いたとしても、たった40人では世の中の森羅万象《しんらばんしょう》なんて全部分からないですよ。今は事件がひじょうに専門化してきているわけだしね。たとえば僕の事件一つとってみても、これなんかロシア語もできない検事がやったって分からないですよ、率直に言って。ライブドアや村上ファンドの捜査だって、似たようなものだと思うな。

【村上正邦】　元参議院議員。労働大臣などを歴任。財団法人「ケーエスデー中小企業経営者福祉事業団」が「ものつくり大学」設置を目指し、数々の政界工作を自由民主党議員に対して展開したとされる事件において、受託収賄の容疑で２００１年、東京地検特捜部に逮捕された。東京地裁、高裁で実刑判決を受ける。現在上告中。

もし、田中森一検事が佐藤優容疑者を取り調べたら

田中　そういう意味じゃ、佐藤さんを担当した西村検事がかわいそうでもある。だって従来の特捜では経験のない事件だったわけじゃない？　それは苦しむに決まっているよ。

だけど、『国家の罠』を読んで思ったのは、やっぱり西村検事自身どこかで佐藤優という人間を見くびっていた面があったんじゃないかということ。

というのは本当のターゲットが鈴木宗男であるんだとすれば、少なくとも僕だったらもっと彼のことを調べようとしたと思うんだ。彼が世間で言われているとおりの悪徳代議士なのかどうかくらいは調べたはず。そもそも、佐藤さんは鈴木さんに常時くっついて補佐役的なことをしていたわけで、少なくとも鈴木宗男という人を佐藤さんが尊敬しているだろうということは想像がつく。そうすれば逆に鈴木宗男のブレーンである佐藤優という男の人間像がそれなりに分かってくると思うんだ。

それと、やっぱりカギはロシア情勢が分かるかどうかということ。もちろん付け焼き刃的な面は否《いな》めないだろうけど。

佐藤　ロシア情勢に関して言えば、西村さんは一生懸命勉強しましたよ。といっても、すべて私が教えたんですけれど。

田中　いやいや、捕まえてからじゃ遅いんだよ。捕まえてから勉強しているから全部、佐藤さんのペースになっているの。

佐藤　でも、僕も必死でしたから。というのも、ちゃんと西村検事に今の日露関係のこととか、外交とは何かを知ってもらわないと、とんでもない事件の作り方をされてしまうと思ったので。それは僕自身の名誉という問題ではなくて、日本の国益に関わってくる。だから、あのとき、もし僕が黙秘でもしようものなら、これは日本外交が大変な損失を受けかねなかった。

田中　しかし彼の立場にしてみたら、なんとか上司から与えられたストーリーで事件を作らなきゃいけないわけだ。それなのに被疑者である佐藤さんに「実際はこうなんだよ」と色々なことを教えられてしまった。それは「おいこら、佐藤」とは言えなくなる（笑）。ちなみにどんな講義をしたの？

佐藤　たとえば鈴木さんの事件というのは、例の「ムネオハウス」から始まったわけですよね。でも、ちょっと待ってください。北方四島で英語なんて誰も使わないですよ。なんで「ムネオハウス」なんていう名前が付いているんですか。現地でそう言われているとおっしゃいますが、そこからしてもうあり得ない話じゃないですか。

それから、たしかにロシアでは建物に人の名前をつけることはよくありますが、その場合「イーメニ・スズキ」という言い方がほとんどなんです。かならず名字をつけるんですよ。それと違う名前をつけたという例は、少なくとも僕はロシアの歴史の中で一つも知りません。これまでロシアで20年飯食ってきましたけど、なんでここだけ全然違うことになっているのか、西村検事、どうか説明してくれないか——とまあ、こんな感じで一から始めましたからね。

田中　（笑）。そりゃそんなこと言われちゃったら、調べる検事としては、「うーん……」となるよ。いや、僕が取り調べ官だったとしても苦しんだだろうね。この事件は。

佐藤　でも与えられちゃったら、田中さんだって組織の一員としてやらざるを得ないでしょう。

田中　だから「この事件を検事としては本当にやらなきゃいかんのか」というところでまずつまずくだろうね。

これはどうみても正義感なんか湧いてくる事件じゃない。立場上やれと言われてやるだけであって、僕自身絶対に純粋な正義感なんて湧いてこないと思うんだ。

なぜ西村検事は「迷走」を始めたのか

田中　僕は正直なことを言えば、西村検事に対しては同情もしているわけ。彼自身、佐藤さんの担当になってすぐに、これはむずかしいと気づいたんじゃないかと思う。というのも、『国家の罠』に最初の頃の取り調べで、西村検事が部屋の電気を消して待っていたという記述があったよね？

佐藤　ええ、逮捕から4日目のときですね。

田中　僕はそれを読んだとき「ずいぶん芝居がかったことするな」と思ったんだ。やっぱりそんなことするのって異常だもん。

でも、それは佐藤さんを普通の官僚や上場会社の社長なんかと同等に見ていたから、そうやったんだろうと思うんだ。つまり世間一般のエリートと同じように脅《おど》したり、強圧的に打って出ればペラペラと何でもしゃべるだろうと見ていたんだろうね。だから、ああいった賭けに出た。ところが佐藤さんはちっとも動じなかった。この時点で、西村検事は迷走を始めたんだと思う。

佐藤　彼に言われたことですごく印象的な言葉があるんです。取り調べがすべて終わって、第一回目の公判が始まる1週間前に西村検事が訪ねてくるんですが、このときは西村氏は特捜から外れて特別公判部に異動になっているんです。つまり、取り調べではなくて明らかにお別れを言いに来たんですね。

そのときに僕は彼に「この事件、あなた自身はどう整理しているんだ？」といった趣旨のことを訊ねたんですよ。

すると、彼はこう答えました。

「あなたも鈴木さんも政治犯だ。あなたや鈴木さんは2000年までの日露平和条約締結という目標のためにはどんな手段でも使っていいと考えた。（中略）あなたにせよ鈴木さんにせよ、目的のためには手段を選ばず、平気で法の線を越えるので、僕はいわば法に対するテロリストとして、カネや出世を動機とする連中よりもより悪質だと自分に言い聞かせている」と（『国家の罠』）。

田中　なるほどね、西村検事が何を言いたいかよく分かるよ。

佐藤　結局、彼はそれを口にしている時点で、明らかに見えているんですよね。つまり、僕や

鈴木さんを裁くために、検察官である自分自身がそういうテロリストになっているんだという
ことがよく見えていたと思うんです。彼ら自身、与えられた目標の中で、それを実現するには
最も順法精神が欠ける形でしか処理できない。そういうジレンマに自分が陥っているっていう
のがちゃんと分かっていたんですよ。

田中　佐藤さんの取調官、僕だったらやっぱり降りただろうね。だって『国家の罠』を読んで
いても、西村検事と最後に地裁の廊下で言葉を交《か》わすシーンがあったじゃない。そして上司だ
かに、「お前ら、何をしているんだ」と怒られた場面ってあったよね?

佐藤　西村検事が水戸《みと》に異動になるというので挨拶をしていたら、西村氏の上司にあたる人が
飛んできて「二人とも立場をわきまえてください」と怒鳴りつけられました。

田中　取り調べの検事は、普通あんなことしないもの。結局、最初に予想していたことと現実
に見たものとの間に大きなズレがあったんだと思うのよ。でも、僕だったら「ずれてきている
な」と感じた時点で絶対に降りようとしただろうね。もし担当官を外してもらえないのなら仮
病でも使ってね。

西村検事と最後の言葉を交わす場面、普通の人が読んでいたら「いいシーンだな」と思うと
ころなのかもしれないけど、検事としての立場から読めば本当に情けないと思ったもの。彼に
は酷《こく》な言い方だけど、すべてが佐藤優のペースで終わってしまっているんだから。

脱税事件はなぜ特殊なのか

佐藤　でも、そうはいっても有罪は取れているわけですから。

田中　いや、何度も言うようにそれは東京地検が法廷に事件を持ち込んだ時点で、有罪は決まっているようなものなんだ。誰が作ったどんな調書であれ、ほとんど有罪なんだよ。

だから、もし僕が佐藤優の取調官で、その役を降りられないんだとしたら、少なくとも僕はあんなふうに絶対に仲良くはならないだろうね。あなたの話を聞いたら検事としての自分が困った立場になるのが分かってるから、だから佐藤さんには黙秘を勧めたと思う。「お前、黙っとれよ。黙って俺の意見を聞いておけ」と。

まあ、そんなこと言わなくても、佐藤さん自身どうせ何もしゃべらないと思うけどね。結局、僕は僕のペースを崩さないだろうし、だからそこで平行線のままで終わってしまっただろうね。少なくとも西村検事のような態度は絶対に取らない。

佐藤　特捜の検事って西村氏のような人が普通なのかと思っていましたが。

田中　それは違うよ。自分があてがわれた事件を、上の言うとおり、最初に書いた筋書きどおりでやれなかったら、その時点で検事としては敗北だし、普通は自分が信じたやり方をとことん突き通すだけで、その途中で敵と心を通わすことなんてあり得ない。たしかに僕は検察官だったときに、「こいつは真実を自供したな」という確信が得られた相手ならば、人並み以上に被疑者に対して情をかけたけども、それまでは絶対に突っぱねた。西村検事のやり方を見ていると、調べの段階から突き放しているわけでもないし、懐《ふところ》に入れてるわけでもない。どっちつかずの対応なんだ。

佐藤　それで思い出したんですが、彼は司法試験に合格する前に、国家公務員試験に合格して財務局かなんかにいた人間だと言うんですよ。それでこう言うんですね。「自分は脱税のプロだ。脱税の捜査で何が面白いのかというと、他の検事には絶対に分からない部分の数字を揺さぶること。数字の中に隠された情報を読み取っていく。そうやって見ていくのが楽しいんだ」と。

そんな西村氏にとって検事としての一番の強みは、法で定められた20日の取り調べ期間中に、被疑者とその人生を一緒に旅することだと言うんです。そして、脱税の被疑者には二つの過去がかならずあるんだと。一つは若い頃に金のことでものすごい苦労をしていること。もう一つはそうやって苦しんでいたときに日本の国が助けてくれなかったこと。この二つのことが合わさったところで巨額の脱税事件が起きるとも言っていました。たしかに、在日外国人の脱税事件などというのは完全にその構図が当てはまるんですよね。で、そうした無念の思いに辿り着くまで被疑者と一緒に旅することができれば自《おの》ずと供述は取れる。西村氏はそう教えてくれましたよ。

そこで僕は聞いたんです。「そうやって被疑者の生い立《おた》ちに同情する一方で、でも事件は事件として立件するわけですよね。あなた自身どうやってそのことに折り合いを付けているんですか?」って。そうしたら西村検事は少し考えてから言いました。「折り合いは付けないんだ。折り合いを付けないまま事件を処理して、また次の事件に取り掛かるだけ。それが俺たち検事の領分なんだ」と。

田中　今の話を聞いて、西村という検事のことが分かった気がするわ。

というのは、他の犯罪とは違って脱税事件というのは絶対のシロ、絶対のクロというものがないんだ。神様でもない限り、本当のカネの動きなんて分かるわけがない。どこまでが適法な節税で、どこからが違法な脱税かなんて線引きはできないわけ。だから、脱税事件なんていうのは、本来刑事事件と馴染《なじ》まないのよ。

というのも、脱税事件というのは「ここまでは脱税だと認める、認めない」という取引や話し合い、もっと言えば「妥協」でしか解決する方法がない。つまり、一種の司法取引みたいなことが行なわれる。

だから、たいていの特捜検事は税金事件を嫌がるもんなの。西村氏はそこが根本的に違うのかもしれない。シロ、クロをハッキリさせない事件が得意な人だからこそ、佐藤さんともあれだけ親しくなれたのかも分からんね。

佐藤　いやいや、でも手強い相手でしたよ。それと情報屋としてはひじょうに優れていたとも思いました。利害が敵対するロシアであるとか、そういったところの情報屋と対峙するときの感じに似ていた。だから僕はいくぶん彼と相容《あいい》れることができたんでしょう。

逆に、シロ、クロをハッキリつける田中さんのような検事が担当として取り調べにあたられていたとしたら、僕も無理だったと思いますね。何せ怒鳴られたりするのは不愉快千万《ふゆかいせんばん》と感じますから（笑）。

もし、そういう対応に出られたら、こっちは完黙（完全黙秘）するか、独房に籠もって取り調べ自体を拒否したでしょう。ハンストに打って出たかもしれないし、『国家の罠』で書いた「裸になって全身に糞を塗りたくる」という作戦も決行していたかもしれません。

田中　佐藤さんならおそらくやっただろうね。でも、正直言えば僕もそうしてもらったほうがいいもの。中途半端な形で妥協するくらいなら、完全に黙秘してくれるか、房から出てこないでもらうか。そっちのほうがよっぽどスッキリするわね。

僕は西村検事のやり方を否定するつもりはないのよ。ただ、あんな事件やらされたというのがかわいそうと思うだけでね。誰だってあれじゃ正義感湧かないよ。

佐藤　でも、検察の立場になって考えるんだったら、あれだけの鈴木宗男バッシングがあった以上、世論のうねりがあった以上、何もしないわけにいかないでしょう。

田中　そうだね。それがまさに国策捜査というものなんだ。

「新自由主義」が作り出す国策捜査の暴走

佐藤　先ほども述べましたが、僕自身がああいう立場に置かれてよく分かったのは、これまで「戦後日本は治安維持法がないから、政治犯罪はない」と思っていたのがまったくの誤りだったということです。考えてみれば、政治犯罪というのはいつの時代にも、どの国にもあるものなんですよね。でも日本では、政治犯罪や治安犯罪という形で取り上げることができないから、経済事件に一度無理やり転換するんですよ。

田中さんの事件だって、実際は田中さんの存在が特捜にとって目障《めざわ》りだっただけだと思うんです。それでずっとチャンスを窺《うかが》って、きれいな事件として形を作って田中さんをパクりたいと考えていた。それで最終的に許永中さん絡みで逮捕されただけだと思うんですよね。

そういう意味では国策捜査は昔から行なわれてきたことだとは思うんだけれど、最近、僕や田中さんのケースにしても、またさっきも名前が出た村上正邦さんのケースにしても、無理な形での国策捜査が行なわれるようになった。それは新自由主義の台頭とすごく関係していると思うんです。

新自由主義というのは、障害になるようなものを全部除去してきれいな空間を作るという発想なんですね。

経済界においては、あらゆる規制や障壁を撤廃して、自由市場を作るという話になるわけだけれど、それが法曹界においては、正義の味方である検察に対して歯向かってくる奴は何が何でも除去しなくてはいけない。こういう感覚があると思うんです。これはすごく怖い感覚だと思うんですよね。

たとえば田中さんの場合で言えば、検察は「田中は絶対に悪い」と言うわけですが、では田中さんがなぜ悪いのかと聞けば、俺たち検察が田中は絶対に悪いと思っているからだという返事になる。「悪いものは、悪い」なんて、論理になってない。しかも検察がそう考えた時点で実刑が確定するというわけですから、本来、あり得ない話ですよ。

田中 でも、その一方で国策捜査は国家や体制にとって必要な部分もある。

佐藤 僕は国策捜査に関して批判をするのではなくて、根本的な考え方を変えないといけないと思うんです。結局、どの国にも、どの体制にも政治犯罪はある。それなのに、日本の場合は「政治犯罪はない」という無理な建前にしているから、こんな捜査が行なわれてしまう。

それと同時に、こうした無理な国策捜査が行なわれているということは、それだけ今の日本が国家として弱体化している証しでもあると思う。本当に強い国家というのは、こうした無理な捜査はしないものですよ。そういう意味では今の日本は司法の危機的状況にあるといっていい。僕はそっちのほうが実は心配なんですね。

守屋前防衛事務次官事件から見えるもの

田中　その「無理な捜査」という意味でいくと、今やっている守屋武昌《もりやたけまさ》前事務次官の逮捕にまで及んだ防衛省汚職事件。これは本当に分かりにくい事件だと思うんだ。

佐藤　無理がありますよね。検察の迷走がありありと窺える。

田中　日本ミライズ社長の宮崎元伸《みやざきもとのぶ》氏が守屋氏に頼んだとされるのは、GE（ゼネラル・エレクトリック）社からの販売代理店逆指名など、1000億円近い金が動くような案件なんだ。なのに、それに対する見返りがゴルフ接待か、あとはせいぜい奥さんや子どもの通帳に入れたカネぐらいのものだというでしょ。あまりにもバランスが取れていないんだよね。

一般の感覚からすれば、あそこまで大掛かりなことを頼んでいて、守屋さんがそれに対して便宜を図《はか》っているんだとすれば、そのお礼だってもっと巨額のものに違いないと考えるものだよ。ところが、そんな話はいっこうに出てこないまま、たかだか2カ月程度で二人とも保釈されてしまった。これもまたすごくおかしな話で、収賄側はともかく、贈賄側の宮崎氏のほうは起訴まで保釈しないで身柄を押さえておくのが普通なんだよ。ところが今回は二人とも保釈してしまった。捜査の終結が宣言されたわけでもないし、このままで終わるのか終わらないのかすらよく分からない。僕自身はもうこれで終わったんだと思うんだけど。

佐藤　それからあともう一つ分からないのは、その守屋さんの奥さんを収賄の共犯としてパクッたということですね。

いわゆる「おねだり妻」を逮捕するのは、庶民の感覚にはひじょうに強く訴えることではあるわけです。しかし、はたして職務権限のない奥さんを共犯で引っ張ってくるってことは、法的に見て可能なのか、大いに疑問ですよね。

さらに言えば、そうやって無理な理屈で奥さんを逮捕しておきながら、検察は起訴を見送って処分保留で釈放してしまっているわけですね（２００７年12月18日）。たとえ略式であったとしても起訴するぐらいの案件じゃなければ、本来は人なんか捕まえちゃいけないと思うんですよね。

田中　奥さんを釈放せずに、拘置延長をするには再逮捕するしかない。でも再逮捕してしまえば、今、佐藤さんがおっしゃったように検察は起訴せざるを得ないわけよ。起訴しないのに、2回も勾留したということになれば問題になるからね。ということは、最初から検察は起訴するつもりなんてなかったと僕は思うよ。

佐藤　あるいは、奥さんを起訴しないことと引き替えに何らかの取引がなされたと見ることも可能ですね。

田中　そこで僕が守屋さんに直接聞いてみたいのは、「あんたは本当に奥さんの口座にカネが入っていたこと知ってたの？」ということ。僕は知らなかったんじゃないかと思うよ。本当は後で知ったことだったんじゃないかって。でも、後で検察から教えられて分かったというんじゃ事件にしにくいから、最初から分かっていたことにしたい。そのあたりで取引が行なわれている匂いを感じる。

だって、防衛省のトップにまで上り詰めて、それこそ「天皇」とまで呼ばれた人が、あんなバレやすいお金の入れ方なんて普通はしないよ。

佐藤　霞ヶ関《かすみがせき》の感覚でいえば、あの程度の接待なんてキレイなものですよ。

もし本当にあんな接待だけでやられたんだとしたら、外務省は局長級以上全員アウトです。本来、お天道様《てんとうさま》は平等に日を照らしてなければならないのに、（防衛省のある）市ヶ谷界隈《いちがやかいわい》にだけやたら厳しい日を照らしていて、霞ヶ関周辺は厚い雲で守られているというのは、ひじょうにおかしな話です。

今や検察は漂流しはじめた

佐藤　あと今回の事件に絡んでもう一つ言いたいのは、防衛省海自三佐のスパイ事件のところでも述べましたが、こういう国防に絡む事件に関しては、本来、僕は刑事事件として立件すべきではないとさえ思っているんです。

今回の事件の焦点はＭＤ（ミサイル防衛）システムですよね。守屋氏がもし公判で争おうとすれば、日本のミサイル防衛システムの受注プロセス、あるいはそれに至る日本政府内での議論といったことがすべて表に出てきてしまう。つまり、その裁判を傍聴しているだけで、外国のインテリジェンス機関員は日本の防衛情報をすべて承知することができてしまうというわけですよ。本来、スパイが数十億円かけてやる情報収集がいとも簡単にできてしまうんです。

つまり、今回の問題は司法における正義を追求することが、日本国家の国益が失われる危険につながっているということなんです。

田中　本来だったら、検察の正義、つまり国内世論の正義と、国防とか国益といった観点の正義というものとの間でもっと調整が行なわれるべきなんだよね。

佐藤　普通の国ならば、その調整として軍法会議が行なわれたり、秘密法廷が開かれたりするわけですけれど、日本にはそれがない。となれば、今回の一件についていえば「国策不捜査」という選択もあったはずなのに、検察は世論に引きずられて「とりあえず逮捕しよう」と思ってしまった。

田中　でも、捜査をしていく過程で、検察の上層部は「この事件は日本の安全保障を揺るがしかねない問題だ」ということに気付いてしまった。だからこそ、こういった中途半端な、尻切れトンボで終わってしまったんだと思うよ。あまりにも思慮が足りないよね。守屋さんくらいの大物を捕まえておいて、防衛機密を掘り起こさないなんて土台《どだい》無理な話だったのに。

佐藤　その意味で今回の事件は今の検察の病理を明確に体現している事案だったと思います

ね。

田中　明らかに検察は迷走しているよね。やはり、最初の時点での読みがあまりにも甘かったと思うんだ。これは月刊「ＰＬＡＹＢＯＹ」の対談（２００８年２月号）でも話したテーマだったけど、結局、今度の事件はアメリカとの外交関係、同盟関係にまでつながる話だという見通しが、特捜サイドにはなかったと思うんだよ。それで世論に流されるまま、蓋《ふた》を開けてみたわけだけれど、今では「えらいことをしてしまった」と焦ってしまっているんじゃないかな。

佐藤　最初の時点での読みはあまりにも甘くて、いざ始めてみたら今度はあまりに過剰に反応しちゃったということですね。その結果、極度のジグザグ、極度の中途半端さを露呈してしまった。結局は恐れすぎているということなんでしょう。さまざまな方面の顔色を窺って、様子を見ながらしか今の検察は動けなくなっている。

ただ、それだけに今回の防衛省疑惑に関して言えば、「特捜の捜査は終結した」と簡単に明言できない部分もある。というのも、迷走しているだけに今後の動向次第で検察が考えを変える可能性もあるからなんですよね。ひょっとしたら、政治家にまで手を伸ばすかもしれません。そういった可能性もいちいち提示しておかなければならないほど、今の検察はグラグラになっています。

田中　要するに漂流しはじめているというわけだ。検察自体、自分たちがどこに向かって動いているのか、どうすればいいのか、もう分からなくなってしまっているんだと思うよ。

佐藤　雰囲気からすると、この事件の状況ってバブル崩壊後の不良債権処理のときとよく似ている気がするんです。債権処理に整理屋が出てくるわけですが、最後の瞬間まで、誰がメインプレイヤーで誰が脇役なのか、誰が得をして誰がババを引くのか。当事者たちですらそういうことが分からないままに突っ走っている。そういう感じに近いですね。

田中　結局、それは今の検察や司法だけのことでなくて、今の日本全体に当てはまる話だと思うよ。みんな、自分がどこに向かって動いているか分からない。今回の事件は、そういうことの象徴の気がするよ。

【月刊「PLAYBOY」の対談】（以下は、同誌の対談記事からの抜粋）

佐藤　その前提で話させてもらうと、今回の事件（防衛省汚職事件）って僕は非常に面白いと思うんです。今、各国の情報機関がこの事件に関して東京で動き回っているじゃないですか。しかも見ているところが全然違う。今回のポイントは、どうあってもアメリカの「外国公務員腐敗防止法」に引っかかるかどうかなんですよ。それがどういうものかというと、外国公務員の接待の席にアメリカ企業がいただけでその会社は入札が停止になる。現場でもし接待に関与した人間がいたら刑事責任追及。こういったものです。今、注目されているのはGEがそこにいたかどうかということで、これでもし仮にGEが取引停止にでもなった場合には、ペンタゴンに入れなくなるわけですよね。2年間だったかな。そうしたら選挙睨んで、大統領選挙にも直接の影響があって……。これって僕らのよく知る何

かに似ていると思いませんか？
田中　うん、ロッキード事件だね。逆ロッキードとでも言うべきか。
佐藤　そう、まさに逆ロッキード事件なんですよ。しかし、日本じゃほとんどそういった視点で報道されないんです。この辺りの非対称性が非常に面白い。アメリカの目つきが悪くなるのは当然ですよ。「日本は何を考えてこんなもの仕掛けてきているんだ」、「そんなことやったら対テロ協力なんて言っている場合じゃないだろう」という理屈です。

裁判員制度導入は徴兵制への一里塚である

佐藤　本論から外《はず》れることになるかもしれないけれど、「これからの日本はどうなるのか」ということでぜひ言っておきたいのが裁判員制度の話なんですよ。
多分、我々も含めて国民のほとんどが裁判員制度の本当の意味なんて分かっていないと思うんです。それでもやっぱり社会全体の中で「今の司法制度はおかしい」という問題意識がある程度共有されてしまっているから、そういう動きが出てくるんだと思うんです。ただ、その「今のままでいいのか」という問題意識と裁判員制度の導入はまったくの別物。これは絶対にやめたほうがいい。
田中　その理由は？

佐藤　そもそも裁判員制度の趣旨というは、日本国憲法の規定に抵触《ていしょく》するんです。現行憲法で謳われている国民の義務というのは、納税、教育、そして労働の3つだけですよね。これは裏を返せば、それ以外に国家は国民に義務を課してはいけないということでもある。

ところが裁判員制度が導入されれば、正当な事由がないかぎり、誰もが裁判員にならなければならないというわけですから、国家が国民に課す純然たる義務ですよ。裁判は受ける「権利」があるだけであって、関与する「義務」は絶対にない。もし、そういう義務を課したければ憲法を変えるのがスジなのに、そういう議論がちっとも起きていない。こういう「違憲状態」がまかり通るようなことがあれば、次はかならず徴兵制の議論が出てくると思います。「国防は国民の義務なんだから召集されたら兵隊にならなければいけない」というのは、まったく同じ論理構成ですからね。

あとこの裁判員制度というのは、言ってみればイスラム世界における石打刑《いしうちけい》と同じだと思うんです。誰かを死刑にするとき、一人の手で殺すのはイヤだからみんなで石を投げようというわけです。

田中　そうすれば、誰の責任か分からないものね。

佐藤　でも、それは明らかにおかしな話ですよね。裁判官がしっかりと身分保障されているのも、高い給料を保証されているのも、そういう責任を引き受けるという前提があるわけでね。給料をもらっているのだから、自分の聖域くらい自分の責任でやれよというのが僕の本音です。

田中　僕は実はこの裁判員制度というものがどうして出てきて、何のために必要なのかということがほとんど理解できないんだよ。社会全般が今の司法制度に疑問を持っているというのは理解できるけども、その改善策として裁判員制度を導入することが本当に正しいことなのかな。そこはもっとたくさんの議論を重ねて、もう一度分析してみる必要があると思う。実際、僕は弁護士なのに、人から裁判員制度のことを聞かれても、その必要性をきちんと説明できる自信はないね。

佐藤　女性タレントとかをイメージ・キャラクターに起用して、お茶を濁《にご》していれば済む問題ではないんですよね。裁判官が判決に責任を取りたくないというのならば、もう有罪にするか無罪にするかクジで決めてしまったほうがマシじゃないかとさえ思えてくる。いや、実際にそうなりかねないところがあるから、今の日本は怖いんですよ。

【裁判員制度】　２００９年（平成21年）５月までに開始される予定の新たな司法・裁判制度。殺人や傷害致死などの重大な刑事事件の一審裁判への国民の参加を義務づける制度。有権者名簿から無作為に裁判員が選ばれ、裁判官とともに審理にあたる。また、同制度下で裁判員に選ばれた場合には正当な事由なく拒むことはできない。

第2章

検察庁と外務省——その実態とは

なぜ外務省には「学歴不問」の伝統があるのか

田中　今さら改めて言うまでもないことだけれど、僕と佐藤さんの間にはいろんな共通点があるね。自分が属していた組織から切り捨てられ、東京地検特捜部から起訴されて、今現在裁判を闘っている（２００８年2月12日付で上告棄却）。それだけでなく僕が岡山大学の法学部卒で、佐藤さんは同志社大学の神学部卒と、それぞれがいた組織の中ではやっぱりちょっと毛色が違うということも挙げられるかな。

佐藤　これは意外に思われるかもしれませんが、一般的に国家公務員というのは国立大学、それも東大や京大が主流ということになっているんですが、外務省って実は色々な経歴の人間が集まっているんです。僕の場合はノンキャリアですが、外務省のノンキャリには東大出身という連中は結構いる。京大はザラですね。

田中　へぇ、それは知らなかった。

佐藤　ノンキャリではそれが普通です。一方、キャリアについては他省庁と比較して東大卒というのは案外少ない。外務省キャリア全体の半分強くらいでしょう。さらに、その東大の中でも法学部出身者だけでなく、教養学部の国際関係学科というところを出た連中が多い。実は東大の中でも、進学するのが一番むずかしいと言われているのがこの国際関係学科です。キャリアでは早稲田、慶応はもちろん多いし、京大、一橋大もときどきいて、それと東京外大ですね。それからノンキャリアではごく少数ではありますが高卒もいます。

なぜこういう雑多な経歴の人間の集団なのかというと、実は外務省というところは昔から受験の際に学歴制限を設けていないんです。というのも、かつての日本では外国での学歴を認めていなかったので、そうするとハーバード大学やケンブリッジ大学なんかを卒業してきた帰国子女というのは無学歴と同じだったんです。そういう連中が入省できる道を作っておかなければならなかったという事情があるんです。

「現場組」と「赤レンガ派」

田中　なるほどね。その点、検察庁というのはやっぱり東大卒が多いね。検事になってそのまま本省で採用されるエリート・コース、いわゆる「赤レンガ派」となると、これはもうたいていが東大。検事になるには、まず司法試験に合格しなければいけないわけだけれど、司法試験で一番多く合格者を輩出しているのって、最近では慶応、僕らの頃でいえばたぶん中央大学だったと思うんだけど、中央卒で本省に採用されたという話はほとんど聞いたことない。その点では、あからさまな学歴社会だね。まあ、上のほうに言わせれば、「司法試験の成績が良いのがたまたま東大だっただけ」という理屈になるんだろうけどね。

佐藤　外務省というのはいわゆる学歴社会というものとは縁のないところにある。むしろ内側は大変な実力社会なんです。どんなに学歴が良くても、語学が全然できないようじゃ意味がないわけですからね。「こんなことも訳せないのか」と言われてしまえば、それで終わり。そもそも外国人からすれば、その人物の出身大学が東大だろうが同志社だろうが、それこそ高卒だろうが関係ないですからね。「トーキョー大学？　それが何なの？」という話です。

田中　僕が出た岡山大学の法学部というのは、のちに検事総長にまで上り詰めた吉永祐介さんの出身学部なんだ。こう聞くと、検察も学歴は関係ないじゃないかと言われそうだけれど、吉永さんは終戦直後の、岡山大学がまだ旧制第六高等学校と呼ばれていた時代で、聞くところによれば、新制大学に移行するときに本来なら東大に移るはずだったらしいのね。でも「大学ができたばかりだから、君らみたいな優秀な人は残ってくれ」ということで岡山大学に残されたのが吉永さんと、元通産省の次官で、その後田中角栄さんの秘書官を務めた小長《こなが》啓一《けいいち》さんの二人だった。つまり、同じ岡山大学といっても吉永さんのときと僕のときとでは格が違うし、頭の中身もまるで違うというわけだ。

　学歴という意味でいえば、検察というところは本当にエリートの集まり。さらにその一部だけが出世において優遇される。だから、僕のような地方大学の出身だと、東大閥というものがある以上、黙っていたら管理職なんかには絶対になれない。偉くなりたいという気持ちがなかったわけじゃないけども、とにかく仕事で評価されようと思っていた。自分が出世するにはそれ以外の道はないわけだから。僕には学歴もなければ閨閥《けいばつ》もないんだから、劣等感というのとはまたちょっと違うと思うけど、それが一つのバネになっていたことは間違いない。

佐藤　検察庁でも優秀な奴は最初から在外の日本大使館に一等書記官くらいのランクで行くんですか。

田中　そのくらいかな。

佐藤　となると、本省ではだいたい課長補佐ぐらいのポジションですね。

田中　検事になって2年目くらいで、そのくらいの役職に就くわけだ。そして、そういった連中が結局は将来の検察庁の幹部になっていく。そのいい例が松尾邦弘《まつおくにひろ》前検事総長だよ。あの人なんかバリバリの東大法学部卒で、40年も検察にいながら現場に出ていたのなんか4年~5年くらいのもの。あとはずっと法務省で次官と東京高検の検事長を歴任して、最後に検事総長をやってという具合で、典型的な出世ルートを歩んだ人。汚れ役なんかもちろん一切ない。

佐藤　そういうエリート組とは別に、現場から叩き上げで来た検事にとっての最高のポストというのは何になるんですか?

田中　それはやっぱり特捜の検事だよ。ところがそういう人はなかなか組織人としては重用されない。実際、特捜検事になっても現場で兵隊として働いているときはいいんだけど、それが兵隊を卒業して指揮官ということになるとどうしても権限が制限されてしまうんだ。法務省のトップからあれやこれや言われるわけだからね。

外務省の「語学閥」

佐藤　外務省に学閥はないという話は先ほどしましたが、もちろん人間社会なので派閥はあります。英語やスペイン語、中国語といった具合に、専門の語学ごとに語学閥（スクール）というのがあるんです。僕はその中でも比較的大きいロシア・スクールに所属していたので、外務省の中でもそれなりの居場所はあったかな。

田中　それはどうやって配属先が決まるの？　希望制？

佐藤　一応、第1志望から第5志望までどの国を専門にしたいかという希望を聞かれて、その上で組織が決定します。ちなみに僕の場合ですと、第1志望がチェコ、第2がスロバキア、第3がセルビア、第4がポーランド、そして第5がロシアという感じでした。僕は同志社時代にチェコのフロマートカという神学者について研究をしたので、その研究を続けたくてチェコに行きたかった。で、その観点から東欧を中心に書いたんです。だけど、これは本人の希望よりも、だいたい外交官試験（正式には外務省専門職員試験）の成績順に決められてしまうんですよね。面白いのは一番成績のよかった人は米語に配属されるのですが、一番成績の悪い奴もやっぱり米語に配属されるということ。

田中　なるほど。それだけ米語の人数が多いということか。

佐藤　建前上はどの言語圏でも同じということになっているんですが、特に我々ノンキャリア採用の場合は、日本にとって重要な国から優先で配置されるものなんです。アメリカはキャリアで独占されているので、中国、ロシア、韓国、それから中東のアラビア語圏——このあたりに成績のよい人材が優先的に配分されます。ただ、専門職なんかで入省して一番幸せなのは、やっぱりチェコとかデンマークとかフィンランドとかスウェーデンなどといった国に赴任することですよ。そういった国が相手だと閣僚クラスの政治家といつでも会うことができますから。加えてマイナー言語の専門家というのは日本ですごく大切にされますからね。

恐るべき外務省の賃金体系

田中　そういった外務省の語学閥というのは、やはり世間一般でいうところの学閥や派閥と同じように問題視されているもの？

佐藤　外務省についての批判はさまざまな形でなされていますが、私の考えでは外務省の最大の問題は派閥などよりもっと別の次元にあって、その一番のガンはおそらく給与体系だと思います。これは一般的にあまり語られていないことなのですが、外務官僚の生涯賃金って、たとえ高卒のノンキャリであったとしても普通の検事さんなんかより遥かに多いと思いますよ。ちなみに検事の給料って今どれくらいですか？

田中　平均すると普通の公務員の1・5倍くらいじゃないのかな？　検事の20年目ぐらいと各省の次官ぐらいが大体同じくらい。50歳を過ぎた頃に額面で2000万円を超えそうだという話も聞いたことがあるな。

佐藤　それにしたってやはり外務省のほうが遙かに高いですね。たとえば、25歳でモスクワの大使館に赴任したと仮定すると、僕のいた時代で計算すれば、本俸は15万円くらいだと思いますが、住宅手当が一カ月に約40万円。それに加えて当時だと在勤手当といういわゆる掴《つか》みガネも40万円ほど出ましたから。それに加えて、たいていの国では物価は日本よりも当然ずっと安いわけです。そしてもう一つ蓄財するためのカラクリがあって、たとえば赴任中にBMWやメルセデスベンツを250万円くらいで買ったとしますよね。すると、帰国時にそういった車が購入時の3倍くらいで売れちゃったりするんです。

田中　信じられない話だね。それはやはり外交官だから免税で買えるという理由？

佐藤　いや、もっと複雑なカラクリです。説明するのはちょっと厄介なんですが、要するに大使館の中で裏金組織のようなものを作っていたんです。たとえば、ソ連の場合は管理通貨制度を敷いているところだったので、裏社会と表社会では通貨レートが違うわけですね。そういった現地の事情を利用して頼母子講《たのもしこう》みたいなものを作って、資金を運用して増やすわけですね。そうだから普通に行って帰ってくるだけでマンション二つぐらい買えるというのがつい最近まで普通だったんです。

スイス公使の経験もある、スティルマン・清井美紀恵という40代の女性キャリア官僚なんて、10年間で家を4軒も建てて、その顚末を『女ひとり家四軒持つ中毒記』（マガジンハウス）なんていう本にまとめて得々と自慢しています。彼女は目黒に一戸建てと世田谷にマンション、それからあとは千葉の勝浦《かつうら》の方に別荘を持って、それからパリにアパルトマンを持っている。もちろん、それはさっき説明したような在勤手当とかが原資になっているわけですね。

田中　へぇ、恐れ入る話だな。それはもちろん国民の税金ということだよね？

佐藤　実はこれにはちゃんと仕掛けがあって、公務員の給与は検事も含めてすべて人事院で決めますよね。外務省の場合、その人事院からもらう本俸とは別に、外務人事審議会というところで海外勤務手当をすべて取り決めているんです。この審議会はいちおう外部の有識者から構成されているんですが、要するに外務省自身のお手盛りなんですよ。まあ、最近はそのあたりのカラクリを鈴木宗男さんが国会でどんどん追及したものだから、実態が暴露されるようになった。財務省としては以前から外務省の給与を下げたいと思っていたので、今はどんどん下がってきているんですけどね。

田中　だから検察庁なんかでも外務省に出向したり、海外に行きたがったりする人間というのは多いわけか。前から外務省に出向したり、大使館勤務になれば給料が全部残るとは聞いていたけれど仕組みは知らなかった。そういうことだったのか。

佐藤　ここで補足をしておけば、たとえばアメリカやフランスといったいわゆる日の当たる国というのがありますよね。そういうところに赴任する人たちは、やはりなかなかお金が溜まらないものなんです。ところが中南米とかアフリカなんかの国に赴任すると、ものすごくお金が溜まっていく。でも、こういう赴任国による「格差」について内部から文句は出てこないんです。

なぜかというと、フランスやアメリカといった国に行くと、辞めてからの天下り先がいくつもあるんですよ。だからあまり赴任中にお金が溜まらなくても文句は出ない。一方、中南米やアフリカ組はたしかにお金は溜まっていきますが、天下り先にあまりいい所はありません。ということで、生涯所得という話になると結局はどこもトントン。まあ、最終的には他の公務員の3倍ぐらいはもらえるという仕組みができているんです。

「一家一門」の犯罪組織

佐藤　しかし、ここで言っておきたいのは給与のもらいすぎはたしかに問題ではあるのですが、本当に問題なのは、その甘い蜜を一部の人間だけが吸っているのではなく、外務省の場合、下の下にまで、隅々にまでそれが行き渡っているという構造ですよ。これが外務省の凄みというか、犯罪的な部分だと思うんです。というのも、一部の人間だけが蜜を吸っているのなら、かならず下克上《げこくじょう》や内部告発という動きが起きて、それなりの自浄作用が生まれる可能性があります。しかし、外務省すべての人間が上から下まで甘い蜜を吸える構造になっているからこそ、そうしたことは起きない。完全に「一家一門」の意識ができあがっている、一種の犯罪組織だと言っても過言ではない。

田中　たしかに聞けば聞くほど検察がまともな組織に思えてくる。

佐藤　給与の面に関してだけは、外務省というのは本当に恵まれたところですね。たとえば我々のような専門職採用の場合、最初の10年くらいはキャリア採用の人間とほとんど変わらない仕事をさせてもらえるんですが、キャリア組が本省の課長になる頃を境にして次第に差が開いてくるんです。うまく波に乗れて通訳官などになれたとしても、やはり40代半ばぐらいで一つの限界が見えてくる。それは体力的な限界ということもあるし、年齢的に上の人間も使いにくくなってきますから。

だから出世コースから外れて課長になれなかったキャリアの連中と、45歳以上のノンキャリアというのは、実質上、退職するまでの二十数年間はずっと窓際なんですよ。しかし、かりにそうなったとしても、給料だけはずっと良いままなんです。もちろん、周囲の仕事ができる連中からは馬鹿にされるというか、相手にされません。しかし、プライドさえ捨てれば、お金は溜まるし、仕事はないしで、最高の職場なんですよ。外務省というのは一事が万事、そういうところです。

田中　その中でプライドを優先させる人というのはいないものなの？　つまり「俺はカネじゃ

ないんだ。カネなら自分の力でいくらでも稼《かせ》げるから」とか言って、組織を飛び出していこうとする人はいないわけ？

佐藤　ほとんど見たことないですね。人間って不思議なもので、出世コースから外れたら外れたで何かしらの言い訳をこしらえるものなんですよ。たとえば「俺はゴマスリをしなかったから出世コースから外れたんだ」とか何とか、今の自分を正当化する論理を作り上げて、結局は組織に居座り続けるんです。

だから、本当のことを言えば、外務省なんていうのは人間を半分に減らしたって十分やっていけるんじゃないかな。だって、半分以上の人間はほとんどたいした仕事していないんですから。でも、そういう人間に対してすら手厚い保証をしているので、問題点がなかなか表に現われてこないんです。だから、外部から「外務省はエリート主義だ」とか「キャリアとノンキャリアの格差があって云々」などという批判をされているうちは、実態とかけ離れているから痛くもかゆくもないんです。むしろ本当の問題点を隠すカムフラージュにすらなってしまっているとも言える。腐敗の構造はもっと別のところにあるというわけです。

田中　うーん、何とも言葉が出てこないね。

佐藤　だから僕は西村検事と話をしている中で「検察というのはずいぶんまともな組織なんだな」と思ったことを覚えていますよ。

田中　いや、外務省なんかに比べたら本当にまともな組織だと思うもの。

30代で7000万円の預金残高

佐藤　だからこそ検察は本気で頭に来た部分もあったと思うんです。本音としてはやりにくいと思っていた部分もあるかもしれませんが、しかしもう一方では僕の捜査を通じて外務省の実態が見えてきて「国家機関としてこんな組織が許容されていていいのか」、「外務省はやはり絶対に断罪しないとならない」と確実に思っていたはずなんです。

田中　だって、普通の検事にしてみればとうてい理解できない世界だもん。いや検事に限らずとも、誰だってそう思う。

佐藤　検察の感覚からすれば、外務省の状況は腐敗なんてレベルじゃないですからね。だって、その在勤手当というのは、言ってみれば必要経費として支給されているわけですね。でも経費であるにもかかわらず、精算義務がないんです。しかももしその経費が残ったとしても、在勤手当の場合は所得税法の例外として課税されることがないんですよ。考えられますか？すべて合法なんです。

田中　たしかに、とんでもない話だね。ただ、検察庁からだって大使館勤務として出向している人がいるわけで、そういう人たちもきっと同じような待遇を受けているわけでしょう。だとしたら、検察も実はそう強くも言えないんじゃないのかな。

佐藤　まさにそこなんですね。外務省は意図的にそこを利用して、あまり仕事が厳しくなく、生活環境もよい国の大使館とかに、財務省や通産省、検察、警察といった外務省にとって重要な省庁の出向組を持っていくようにしているんです。その出向組も一回赴任すれば、少なくとも２０００万くらいの蓄財ができるわけですからね。国家公務員にとってポケットに２０００万円もの金があるというのはやはりでかいですよ。そういった構造がしっかりと完成してしまっているから、誰も手をつけることができないんです。

僕たちの事件で、こうした外務省の体質や構造を知らないある検事が、僕と一緒に捕まったキャリア職員の口座を見て大喜びをしたわけです。この人は僕の５つ年下で、当時37歳くらいかな。その彼の口座に７０００万円もの残高があった。「これは三井物産あたりから賄賂をもらっているに違いない」と手を叩いて喜んだと。

田中　まだ40にもならない公務員の口座にそれだけのカネがあれば、僕が担当検事だったとしても喜ぶさ。「これでシッポを掴んだ！」ってね。

佐藤　しかし、どれだけ徹底的に揺さぶってみても何も出てこないんです。それで最終的に彼らが気づいたのは「共働きで、二人とも外務省に勤めていると、何の努力をしなくてもこれくらい溜まるのが普通なんだ」ということ。そのとばっちりで、僕は検事に説教されたな。「君は仕事に金を使いすぎだ。口座に８００万しか残ってないじゃないか！」って（笑）。８００万円だって十分大きなお金なんですけどね。余計なお世話です。

田中　佐藤さんがもし仕事に金を使わず、貪欲《どんよく》に貯金されていたとしたら、その800万円はどれくらいの額になっていただろうか？

佐藤　きっと3500万円くらいにはなっていたのではないでしょうか。ただし、僕に関して言えば、貯金してないことは本当に功を奏しました。あらぬ嫌疑を掛けられずに済んだわけですからね。

ちなみに、僕がその金をどう使っていたかというと、モスクワでばらまいていたんです。情報協力者に対してもそうですし、僕がモスクワ国立大学哲学部で教えていた学生たちに、小遣いを与える名目としてアルバイトをさせ、自腹で給与を払っていたりもしていました。当時、ロシアはソ連崩壊直後でしたから、学生たちはみんなお金がなかった。それでも、月に20ドルもあればちゃんと大学に通うことができたので、目をかけた学生にはアルバイトをさせていたわけです。

といっても、それは単なるチャリティやボランティアというわけではなく、こっちにだってそれなりの目算《もくさん》があってのことです。モスクワ大学の学生というのは普通にやっていきさえすれば将来的に社会のどこかでかならずエリートになるわけで、つまりいずれは重要な情報源になっていくんです。だから、新聞の切抜きであるとか、あるいはロシア語の古典を現代文に訳してタイプさせたりだとか、そうした小さな仕事を与えては、少しずつ小遣いを渡していました。本当は僕もロシア語の古文を読めるので、そんなことさせる必要なかったのですが。

【モスクワ国立大学哲学部で教えていた】　ソ連崩壊後の1992年9月から95年2月まで佐藤優は、モスクワ大学哲学部宗教史宗教哲学科で教鞭《きょうべん》をとっていた。日本の外交官でモスクワ大学で教鞭をとったのは佐藤優が初めて。このモスクワ大学の人脈が後に、佐藤の外交官としての情報活動を支える基盤になった。

「100点満点」からスタートするエリート官僚

田中　佐藤さんから外務省の話を聞いて、これが同じ行政官庁かと正直驚いたね。でも、そこまで極端ではないにせよ、僕も大阪地検の特捜部から東京地検特捜部に移ってきたときには、これが同じ特捜部かと仰天したことを覚えている。

佐藤　『反転』の中にも書かれていますが、大阪時代の田中さんは自分の仕事をこなして、実績を挙げていけば自ずと出世はついてくるものと信じていたわけですよね。

田中　これは誤解されがちなことなんだけど、僕だって出世欲がないわけじゃなかった。検事総長になろうなどと大それたことは考えたことなかったけど、特捜部長のポストには憧れたし、またなれるものだと思っていた。

佐藤　またそんな田中さんの働きぶりを評価する上司も、大阪時代は実際いたと思うんですよね。そして田中さん自身も大阪という風土の中で仕事を重ねていたうちはすごく楽しかったと思うんです。だけど、その次に東京に来てみたらこれがとんでもないところだった。おそらく今まで見たことのないタイプの検事がたくさんいた。それで田中さんはびっくりしちゃったと思うんですよ。こんな検事が東京にはいるのかって。

田中 たしかに仕事さえやっていれば、自ずと出世はついてくるというのが僕の基本的なスタンスだった。ところが東京に行ってみたら、「将来の検事総長」なんて言われている連中がいて、彼らは100点満点のところからスタートしているわけだ。しかもそういうエリート候補には絶対、傷を付けない、危ないことはさせないというのが上司の仕事であったりするわけでね。そんな場面を初めて目の当たりにしたときはさすがに面食《めんく》らったよ。こっちはもう0点からのスタートを切っているわけで、そこから何とか1点ずつ積み重ねていこうとしていたんだから。

佐藤 役人で出世欲がないなどというのは絶対に嘘ですよね。それはサラリーマンでも同じじゃないかな。たとえば新聞記者なんかで「私は現場主義で、生涯記事を書いて生きていきたい」なんて言っている人でも、私の知るかぎり、政治部長とか外信部長のオファーがあって断わった人なんて一人もいませんよ。

田中 それはどんな業界でも同じことなんじゃないかな。他人に認められたい、もっと責任あるポジションで力を発揮したいと考えるのは、人間の本能みたいなものなんだよ。ちなみに佐藤さんには「このへんのポジションに行きたい」という野望のようなものはあったの？

佐藤　いや、こんな話を自分からしておいて何ですが、僕にはなかったな。というのも、外務省に入った当初から、40代の中頃には外務省からトンズラしようと思っていたんです。僕にはずっと思い描いていた生活設計みたいなものがあって、上司にもちゃんとその旨《むね》を伝えていたんですよ。だから、本来だったらもうそろそろ外務省とは円満に協議離婚していたはずなんです。それなのに揉《も》めに揉《も》めて、離婚するタイミングを逸してしまったと。

田中　ああ、そうか。外務省をそろそろ辞めようと思っていた時期に一連の事件が起きたんだ。

佐藤　具体的には、北方領土交渉が一段落ついてからと考えていたんですけどね。だからこそ早く解決させたかったし、事実、あの当時やっていた路線を最後まで遂行できていたら、大体のことはもう解決していたと思うんです。

で、外務省を去ったあとに具体的に何をやりたかったかというと、僕はやはりアカデミックな領域に身を置きたかった。さっきも言いましたがモスクワ大学哲学部で神学の先生をやらせてもらえましたし、日本に戻ってきてからも、東大教養学部で地域研究を教えたこともありますから。そもそも、いつまでも外務省の中にとどまっていたら周りとの軋轢《あつれき》を絶対に招くと思っていました。そして、何よりも今、月刊「ＰＬＡＹＢＯＹ」で連載している「役に立つ神学」のような、書いてみたいと思うテーマもたくさんあったんですよ。

それからもう一つは、これは田中さんともちょっと通ずる部分があると思うんですけれども、我々のような職人の世界というのは、よく「余人《よじん》をもって代えがたい」などと言って褒められることがありますよね。それはもちろん嬉しいことだと思うのですが、反面、イヤだなと感じることもあるんです。

つまり、余人をもって代えがたいということは、裏返すと後輩を作れていないということじゃないですか。僕の仕事は特にチームとして与えられたテーマに取り組んでいたわけなので、それはけっしてよいことじゃないなとずっと感じていたんです。

だから、僕の本当のところの希望としては、外務省を辞めてどこか大学の先生になって、同時に外務研修所の教官のようなこともやりたかった。思い描いていた計画どおりに来ていれば、本当は40代のちょうど今ごろ、そうなれていたはずなんですけどね。

【役に立つ神学】 月刊「PLAYBOY」誌で2007年6月号から連載中。同志社大学神学部、同大学院で学んだ神学をもとにユダヤ教、キリスト教、イスラーム教という一神教の思想体系を解き明かしつつ、現代社会を取り巻く問題を論じている。

官官接待追放がもたらした弊害

田中 話は戻るけど、やはり聞けば聞くほど検察はカネに関しては清廉潔白《せいれんけっぱく》な組織だったんだと痛感するよ。たしかに、検察にも「調査活動費」と呼ばれる裏金はあるわけだけれど、それは他の行政組織から比べれば金銭的にもしれているしね。使うときだってたいていが内部の歓送迎会か、たまに接待、あとはマスコミの連中と飲むときくらいのもので、家を建てるとか、個人の用途で使っているなんて話は聞いたことがない。少なくとも外務省のように組織的にそういったことが行なわれているという事実はないと思う。

佐藤　今、田中さんが「接待」という言葉をおっしゃったけれども、今はどこも官官接待をやらない。今から10年くらい前に官官接待がマスコミに叩かれて以来、どこの公務員も他省庁の職員との飲み食いに金を使うことを極度に恐れるようになった。その結果、霞ヶ関の横の連絡というものがひじょうに取れにくくなってきている気がする。これがかえって行政の力を削《そ》いでいる部分があると思う。

たとえば僕の事件にしても、外務省、検察庁、警察庁の三者の間で普段からしっかりと情報交換ができていて、連絡が取れていれば、あんな無理な形の筋書きになんて絶対にならなかったはずですよ。

ちょうど僕らの事件の直前に巨額の公金を横領したことで知られる元要人外国訪問支援室長・松尾克俊《まつおかつとし》さんと元課長補佐の浅川明男《あさかわあきお》さんの事件がありました。

田中　外務省の機密費で競走馬やマンションを買ったり、愛人を囲っていたとされた事件だね。

佐藤　この一件で警察は外務省の中に手を突っ込んで、捜査をしたわけです。ということは、少なくとも警察は外務省の内部事情、上から下までがカネまみれになっている状況なんかを知ったはずなんです。でもそういった情報を摑んでも、それが警察の中だけで囲い込まれてしまっていて、横のつながりがないものだから、外務省の内情を検察は何にも知らないわけです。その結果、検察は外務省の流す情報に踊らされ、いいように使われてしまった。

率直に言わせてもらえば、僕や鈴木宗男さんの一件に関していえば、あれだけ大騒ぎして特捜が乗り出したのに、結果、外務省で逮捕・訴追されたのが中堅のノンキャリアと課長補佐級のキャリアの二人だけだったというんじゃあまりにお粗末すぎますよ。やはりあれは検察側の大敗北だったと思うんです。特捜にしても、少なくとも大使や局長クラスを捕まえたかったはずです。しかしそうならなかったのは結局、霞ヶ関間で情報が共有されていないことが引き起こしたことだと思うんですよね。

田中　そういう意味では普段から情報交換することが必要ということだね。官官接待を頭から否定するのじゃなくてね。

佐藤　これは聞いた話ですが、たとえばダムを造るときだって、全予算の5％は「迷惑料」という項目でプールしているそうですね。それはすなわちダム建設によって迷惑をかける地元の人を接待したりするための費用であって、そういった、いわば使途不明金は絶対に必要なものなんです。

田中　そういったお金は世間一般から見れば「悪」そのものなんだけど、それがなければ住民運動なんかが起きたりして、ダムは永遠に完成できない。でも、今の日本はその5%をどんどん削る方向になってきている。言うなれば社会の潤滑油を追放しようというわけで、その結果、あちこちで問題が起きていると思うんだ。

【調査活動費】　検察庁や法務省の情報収集のための活動経費。情報提供者、協力者への謝礼などに充てられるとされるも、飲食費や交際接待などへの流用が指摘されている。1998年度に約5億9000万円あった検察庁の調活費は、三井環氏の内部告発などがきっかけになり、99年度以降急激に減少した。

真のエリートがいなくなった日本の悲劇

佐藤　結局、それは社会がエリートというものを信頼しなくなったからだと僕は思うんですよね。そもそもこの国ではずっと以前からエリートという言葉の響きにネガティブな意味合いを含んできました。偉そうにしているとか、特権を濫用するとか。でも、実際のところエリートは必要な存在ですよ。

田中　いくら民主主義の世の中でも、何でも多数決で決めるわけにはいかないわけだからね。

佐藤　問題なのは、今そうやって担《かつ》がれている人たちが本当にエリートと呼ばれるに値するのかというだけのことで、エリートそのものを否定する論調はおかしい。

田中　でも、今の役所はどこもかしこもあまりにも社会や世論といったものに流されすぎているから、世の中にはエリートが必要だとは言えないし、自分たちがエリートとして責任を持とうという気概がなくなっている。それは検察庁にしても同じだね。

佐藤　今の検察はあまりにも社会の目を気にしすぎていながら、その一方で「我々はこの国を守る最後の砦なんだ」というエリート意識を持っているわけですね。それはまったく矛盾しているわけです。

今、自分たちがこういう行動に打って出たら「正義の味方」として拍手喝采を受けるのではないか、世間一般の人たちから「庶民の味方」というイメージを持ってもらえるのではないかと意識しながら仕事をしているようでは、本当のエリートとは言えない。

たしかに検察官個々の性格は悪くないし、みんないい奴です。正義感も強いし、能力だって優れている。しかし、そういった世間体を気にする部分においては明らかに捻《ねじ》れてしまっている。

そのことは田中さんに対する憎しみを見ているとよく分かりますよ。本来、弁護士はどんな手段を使っても依頼者の利益を守るというのは当たり前ですし、そこで田中さんがどれだけの報酬をもらっていようと、それは正義とは何も関係ないこと。しかも『反転』を読む限り、いわゆる石橋産業事件で、田中さんが弁護士として重大明白な形で違法行為をしたとはどうしても思えない。そもそも石橋産業事件で被害者はいたんですか？

田中　僕に関して言えば、あの石橋産業との取引の過程で得た弁護士報酬は、手形の裏書保証にまつわる書面作りなどの費用として100万円を受け取っただけ。でも、それをもって僕は石橋産業に対する許永中の詐欺行為に荷担したとされたわけだね。まあ検察から言わせれば、被害者はいちおう石橋産業ということになるのだろうけれど。

佐藤　いや、違います。田中さんの事件でいう被害者が誰かというと、それは国民全般なんですよ。少なくとも、検察の目にはそう映っているはずです。

田中　田中という悪徳弁護士がおって、それが悪い奴の味方をしているのがけしからん。だから国民に代わって田中を成敗《せいばい》する、というわけね。

でも、佐藤さんもおっしゃるとおり、個々の検事はみんないい奴なのよ。純粋な正義感を持って一生懸命やっていると思うんだけど、組織がそれを生かし切っていないんだ。じゃなければ、今のようなおかしなことには絶対になっていない。

特に問題なのは、ここ最近の東京地検特捜部。あそこが摘発した被疑者の8〜9割がみんな何らかの形で文句を言っているでしょ？　頭下げようとしないじゃない。それって、不思議なことだなって僕は思うの。

これがたとえば大阪の特捜案件だとまったくそんなことはない。和歌山県知事の談合・汚職事件にしてもそうだし、ハンナンの牛肉偽装事件にしてもそう。どちらも「ごめんなさい、あとは何とか量刑を軽くしてください」って言うだけで終わっている。だけど東京は違うよね。最近の事件でいうと、佐藤栄佐久《えいさく》・前福島県知事の収賄事件。あの知事もやっぱり「特捜部にはめられた。特捜部の捜査に筋書きがあった」と言って、容疑を全面否認しているわけでしょ。

ちなみに、この福島県知事の弁護人をやってるのが元特捜部長の宗像紀夫《むなかたのりお》。彼は僕の友だちでもあるんだけれど、彼に会ったときに「おい、知事は特捜にはめられたと言ってるけれど、あんたが特捜部長のときにも同じようにやってたじゃないか」と冷やかしたんだよ。そうしたら彼曰《いわ》く、「俺のときはこんなずさんな捜査はやってないよ。俺のときはもっとちゃんとしていた。今はひどい」と、カンカンに怒っているんだもん。これはよっぽどのことがあったんだと思うよ。

佐藤　素直にそう口にできる宗像さんという人は、きっと田中さんに対しても同情的だったんでしょうね。

田中　そうそう。宗像は僕の一番の良き理解者なのよ。

佐藤　僕はあの人って大いなる常識人だなという印象を持っているんですね。バランス感覚に優れているというか。だから、あの人が特捜のトップにいたとしたら、田中さんの件に関しても「森一ちゃん、ちょっと最近派手にやりすぎなんじゃない？　もうちょっと古巣の俺たちの立場も考えてくれよ」とか言って、多分それで終わりになった話だったと思うんです。そして、そういう対応をするのが普通の人が持つ普通の感覚だと思うんですよ。

しかし、今の検察庁の人たちは、みんな宗像さんの悪口をすごく言うでしょ？「あれは悪い先輩だ」とか、「宗像みたいになっちゃダメだ」とか言いたい放題言っている。そして、結局評価されるのは「遊び心」のない検察OBばかりなんですよね。結局、今の日本では権力の側に立つ大半の人たちに心の余裕がなくなっている気がするんだな。

【和歌山県知事の談合・汚職事件】　２００６年、和歌山県知事・木村良樹《きむらよしき》（当時）が公共工事をめぐる競売入札妨害容疑の共犯で大阪地検特捜部に逮捕された事件。

【ハンナンの牛肉偽装事件】　ＢＳＥ対策で行なわれた国の国産牛肉買い取り事業をめぐり、食肉卸大手「ハンナン」の元会長・浅田満《あさだみつる》が中心となり、事業対象外の輸入牛肉などを混入して買い取り申請をし、約15億５０００万円を不正受給したとされる事件。

【佐藤栄佐久・前福島県知事の収賄事件】　２００６年、佐藤栄佐久福島県知事（当時）が収賄容疑で逮捕された事件。佐藤知事の弟・祐二被告が経営していた会社の土地を、下請けした業者に時価を上回る金額で買い取らせた上、差額分を賄賂として受け取ったとされるが、公判で両被告とも潔白を主張している。

組織の正義、個人の正義

田中　先ほど佐藤さんは、外交官の場合は、組織としての正義と個人としての正義が完全に一致していないといけないと言っていたけれども、その観点から今の検察を見たらどうなるか。今の検察では組織としての正義だけがあって、もはや検察官個人の正義なんてないようなふうにも思えてくる。で、検察組織としての正義に付いてこられないようなら、検察官なんて辞めてしまえと。こういう形になっているような気がする。

佐藤　組織と個人の正義の間に、埋められないギャップが生まれてきている。

田中　うん、それは確実にあるんじゃないかな。

たとえば僕の『反転』の中に書いた話だけれど、ある収賄事件で僕は取り調べ中の不動産会社の社長に個人的な理由から勾留の執行停止を出したことがあるんだ。具体的に言うと、取り調べの最中にその人の奥さんが末期癌《まっきがん》で危篤《きとく》状態になった。で、彼の弁護人から「一時間でも拘留を執行停止にして、最期を看取《みと》らせてやってほしい」という申請がきて、それを受け容れたというわけ。

僕自身はそのことを今でも正しい判断だったと信じているんだけど、上司は、最初、それを絶対に認めてくれない。「社会で働いていれば親の死に目に会えない、奥さんの死に目に会えないことなんていっぱいある。それでもみんな我慢して納得してマジメに生活しているんだ。嫁さんが病気だからといっていちいち執行停止なんかしていられるか」って。まぁ、これも一つの理屈ではあると思うんだけど。

上司の言うことが正義なのか。法律どおりやることが正義なのか。僕が一つだけ確信して言えるのは、当時も今もみんな法律というものに使われすぎてしまっているということ。雁字搦《がんじがら》めになっていると言ってもいい。検事は法の執行官なんだから、法律どおりにすべてのことを運べばたしかにそれで何の問題もないのかもしれない。しかし、それじゃ人としての血が少しも通わないし、誤解を恐れずに言うなら、面白みがないじゃない。うん、この言い方が一番しっくりくるな。僕は面白みがないと思うんだ。

で、実際、そうやって執行停止にして社長は奥さんの見舞いに行くことになった。たった4時間だけどね。そうしたら僕に対して「検事さん、ありがとうございました。つきましては話したいことがあります」というわけです。で、そこで今までは否認していた贈賄のことを社長が全部話してくれた。

佐藤　田中さんとしては、その社長が自白するだろうと計算して執行停止にしたわけではない。

田中　うん、そんなことは考えもしなかった。

佐藤　そのお話を伺《うかが》ってふと思い出したのは、突拍子《とっぴょうし》もないと思われるかもしれませんが、フルシチョフの息子から聞いた話です。

フルシチョフがまだ権力の絶頂にあるとき、フルシチョフの息子に一本の電話がかかってくる。

「実は今あなたのお父さんを追い落とそうとする動きがある。だから会って話をしたい」

息子が会ってみると電話の主はクレムリン内の警備を担当している秘密警察の一人で、その彼は「どうやらブレジネフとその周辺が陰謀を企《くわだ》てているようだ。それで父上を追い落とそうと画策《かくさく》している」と言うんです。

当然、息子はその旨を父と母に報告するのですが、二人とも信じない。

「今度、ブレジネフの奥さんたちとチェコのカルロビバリ温泉に行く約束もしているんだ。そんなことは絶対にあり得ない」とまったく聞く耳を持ちません。

しかし、まさにその温泉に行っている最中にクーデターが起きてしまって、フルシチョフはモスクワに呼び出され、そのまま最高指導者の地位を奪われてしまうわけです。

さて、その後、秘密警察が調べていくとフルシチョフの息子がクーデターの動きを事前に察知して、色々と動いていたということが明らかになった。そこで「これは明確な党員の規律違反だから逮捕するべきだ」という意見が多数を占めていくのですが、このときにソ連共産党中央委員会の誰か――僕はグロムイコだと推察するのですが――が「子どもが自分の親のことを心配するのは当然じゃないか。今回のことは不問にするべきだ」と主張したというんです。

フルシチョフの息子に後年、僕は会って話を聞いたのですが「あのとき、そういう発言をしてくれる人がいなければ、私は強制収容所送りだったんですよ」と言って笑っていました。何のかんの言って、ソ連という国が70年近くも続いたのは、そのポイント、ポイントで、人情のようなものが働くことがあったということも関係あると思う。これって田中さんがおっしゃることと同じことだと思うんです。

結局、田中さんが不動産屋の被疑者に執行停止を出したというのも人情以外の何物でもないわけで、あとで落とすための計算としてやっているわけではありません。

でも、実は国家とか官僚秩序というものは、どこかでそういう「隙間《すきま》」とか「遊び」がないと閉塞的な状況に陥っていき、最後には内部から潰《つぶ》れていくものなんですよ。今の検察庁がまさにいい例じゃないかな。組織の秩序は重要だけれども、そこで誰かがほんの少しだけ逸脱してもそれを黙認する。それが組織が維持されていく上での一つの知恵なんだと思います。

田中　まあ、外務省みたいに上から下まで逸脱しっぱなしでは困るけれどね。

【フルシチョフ】　ソビエト連邦の政治家。スターリン死後の1953年、ソ連の最高指導者として、ソ連共産党中央委員会第一書記と閣僚会議議長に就任。56年、スターリン批判を行なったことで世界に衝撃を与えた。63年、失脚。

【ブレジネフ】　フルシチョフ失脚後、共産党書記長としてソ連の指導者となったソビエト連邦の政治家。1982年まで最高指導者の地位にあり、スターリンに次ぐ長期政権を維持した。

【グロムイコ】ソ連の外交官、政治家。28年という長期間にわたってソ連外務大臣を務め、「ミスター・ニエット」の異名で知られた。

第3章

拘置所暮らしが教えてくれたこと

蒸し風呂のような夏の独房生活

田中　変な感想に聞こえるかもしれないけれど、僕は身に覚えのない事件で逮捕されて、小菅《こすげ》（東京都葛飾区）にある東京拘置所に入れられることになったのは、ある意味でいい経験だったと思っているんだ。というのも、僕は大学で司法試験を始めてから、逮捕されるまでの30年間、ほとんど休みなく働いてきたわけで、落ち着いて読書する時間なんてほとんどなかったから。

逮捕されて拘置所に入ったのは僕にとっては青天《せいてん》の霹靂《へきれき》だったわけだけれど、一番よかったのはやっぱり読書三昧《ざんまい》させてもらえたこと。ある程度心落ち着けて本を読んで、自分の人生を顧みて、将来のことを考えて……。今考えてみればとても有意義な時間を過ごさせてもらったと思うよ。

佐藤　ちなみに田中さんは何日間おられたんでしたっけ？

田中　佐藤さんは……512日だったか（苦笑）。それには全然及ばない。僕は350日だな。

佐藤　約1年ですね。保釈請求は何回かやりました？

田中　2回くらいやったかな。

佐藤　獄舎は？

田中　新舎房の北収容棟の4階。今は新しくなっているらしいけど、あの当時はそれはひどかったよ。

佐藤　基本的に拘置所はカビ臭がきついですからね。特に夏場はひどかった。

田中　夏は本当に大変だったよね。冬の寒さは着込みさえすれば何とか凌《しの》げるけど、夏はダメ。風すらほとんど通らないんだから。

佐藤　ドアの下の方に小さな窓みたいなのがあるんですけど、そこを開けただけじゃ風は通ってこないんですね。願い事やモノの受け渡しをするための小窓の下にもう一つ扉があって、そこを看守に言って開けてもらって初めて風が通るようになるんです。

田中　でも、それだってたかがしれているわね。だから夏はパンツ1枚だったもの。上を着ないでね。じっとしていたって汗が出てくるんだから。

佐藤　基本的に拘置所には温度計がないから、気温を知ることはできないんですが、外のお風呂に行くとき、途中に温度計があって、ちょっと盗み見することができるんですね。

　それで一つ気付いたことがあるんですが、その温度計で約32℃――房の中はそれより5℃ほど高いと思われるので、実質37℃くらい――を超えると、カビの生え方が決定的に違ってくるんです。そのくらいの温度になると、食パンなんか一日でびっしりと毛が生えたように青カビが覆いますから。

　それと同時に、そのくらいの温度になってくると、やはり身体が汗まみれになってきてしまうんですね。ノートを書いていたらそのノートがビチャビチャに汗で濡れてきちゃうし、ペンを握る手からも脂が出てくるもんだから、インクがその脂にからげちゃって使えなくなっちゃう。そうなると芯を入れ替えなければならなくなるわけだけれど、拘置所の中にいると経済感覚が変わってくるから、47円くらいの替え芯ですらとても高価なものに思えてくる。それがもう許せなくて（笑）。

だから夏の間は、昼間はボールペンで書きませんでしたよ。途中でインクが出なくなったりするとすごくもったいない感じがするし、イライラしちゃうんで。

田中　そのもったいないという感覚はよく分かるな。外での金銭感覚なんてあっという間にリセットされちゃうもんね。

「拘置所ライブラリー」の意外なラインアップ

田中　佐藤さんの『獄中記』（岩波書店）を読むと、神学や哲学にまつわる、実にむずかしそうな専門書を読み込んでおられたようだけれど、僕はかつて読んだことある本をもう一度読む機会が多かった。ジャンルでいうと戦国時代や幕末期の歴史書。最もギリギリの状況に置かれたときに人間がどんな行動をするのかという点に興味があった。結局、自分自身の境遇に置き換えていたんだろうね。

それと中村天風《なかむらてんぷう》さんをはじめとする自己啓発本の類。こういうものって外にいたときはまるで興味がなかったんだけど、ある人が中村天風さんの『成功の実現』という本を差し入れてくれて、それを読んでみたら不思議と精神が落ち着くようになった。そして、社会に戻ったら、弁護士を辞めてまったく別の生き方をしようと考えるようになった。そういった本に出会わせてくれたのは、勾留されてよかった点だと思うよ。

佐藤　僕の場合は中に入ったら洋書を読みたいと思っていたんです。というのも、過去に僕が読んだことのある獄中記というのが、一つは『山川均自伝《やまかわひとし》』。この中に彼の獄中記が書いてあったのと、もう一つが尾崎秀実《おざきほつみ》の『愛情はふる星のごとく』だったんですが、その二人ともが中で洋書を読んだと書き記しているんです。だから僕もせっかく拘置所暮らしになったのだから、これまでやろうと思いながらやれなかった洋書を読んだり、語学の勉強をしようと思っていた。

ところが、今は当時とはルールが違っていて、外国語の本が一切入れられなくなっちゃっているというんです。要するに翻訳が付いてない外国書は、どんな内容が書かれているか分からないから、一切禁止というわけです。最初に拘置所に入れられたときには、もちろんまさかあんなに長く中にいるなどと思っていなかったから、語学のブラッシュアップだけでもやろうと思っていて、ドイツ語の書物やサンスクリット語とアルバニア語の文法書なんかを入れたいと思っていたんですが、それすら叶《かな》わなくてすべて計画変更になってしまいました。

だから、急遽《きゅうきょ》方針を変えざるをえなかったわけだけれど、僕の場合、おそらく他の人たちと違うのは、そこに小説の類を一切入れなかったことかな。

田中　それはどういった理由で？

佐藤　田中さんもご承知のとおり、未決囚が自分の房内に置いておける本の冊数には制限があるんですね。小説のような読み物でその枠を使いたくなかったし、それについては、拘置所に備え付けてある「官本《かんぼん》」でそれなりの需要を満たせると思ったからなんです。読者のために説明しておくと、官本ってちょっとすごいラインアップなんですよ。まず半分ぐらい犯罪小説が並んでいて、4分の1がヤクザのしきたりの本、そして残りの4分の1がちょっとエッチなマンガとエロ小説といった感じですね。

それで僕、検察官に話したことがあるんです。「こんな本ばかりだったら矯正効果がないじゃないか」って。そうしたら「そんなこと絶対に手紙に書くなよ。手紙の検閲をしている拘置所の人間が慌てて過剰反応するから」って（笑）。

要するに刑務所と違って、拘置所というのは未決囚が収監されているわけだから、一応は無罪推定が働いているわけですね。

田中　裁判所で刑が確定するまでは、その容疑者は無罪であると考えるというのが近代法の原則だからね。だから、未決囚といえども、むやみに自由を制限することはできないというわけよ。

佐藤　だから拘置所の「お客さん」である囚人の需要に合わせて官本のラインアップが自然に

決まってくるという仕組みがちゃんとできあがっているんですよ。

田中　刑務所に入っている官本は、そうはいかないだろうけれどね。

佐藤　週に一回、雑役囚が官本の貸し出しのために、房を回ってきてくれるわけだけれど、やっぱり多いのは「実話時代」とか「週刊実話」といった類の雑誌。

田中　いわゆるヤクザ関係に強い雑誌だね。

佐藤　なぜこの種の本が多いのか、そのカラクリを聞いてみると、どうもそういった雑誌を自分のカネで買っている未決囚が多いらしいんですね。で、そういう人が拘置所から出ていくときにはすべて置いていってしまうので、それが今度は図書係の囚人が「これはいいや」ということでそういった本をどんどん集めていってしまうと。こういう循環があるらしい。

田中　つまり、買う段階でも集める段階でもそういったフィルターを通しているということか（笑）。面白いね。

佐藤　あとはけっこうコミックスなんかも揃っていた。蓮古田二郎《はすこだじろう》の『しあわせ団地』とか、古谷実《ふるやみのる》の『行け！稲中《いなちゅう》卓球部』なんかは全巻ちゃんと揃っていて、僕もよく読んだな。

田中　そういえば、僕の知っている特捜のあるヤメ検弁護士が「角栄さんが拘置所の中にいるときは山手樹一郎《やまてきいちろう》の本しかなかった」と言っていたよ。なぜかと尋ねると、「全部ハッピーエンドで終わるから」と言うわけ。「それが頭を休めるのに一番適しているし、何より前向きな気持ちになれる」って言うんだよ。それをどこで聞いたのか、山手樹一郎の本をたくさん差し入れで持ってきてくれた人がいたもんだから、僕も仕方なく読んでみたの。そうしたら、なるほどと思った。たしかに山手樹一郎の時代小説は、どんなものでも読み終えた後はスッとした気持ちになったよ。本当かどうか知らないけど、角栄さんがそればかり読んでいたというのもあながち嘘じゃないと思ったね。

佐藤　そういえば角栄さんも入っていたんですよね。何日くらいでしたっけ？

田中　あの人は21泊だったかな。我々よりはもちろんずっと短いよ。

【中村天風】　1876年〜1968年。日清、日露戦争で秘密情報部員として活動。結核にかかった体を治すためアメリカ、ヨーロッパなどに渡り、インドでヨーガの修行をしたとされる。帰国後は実業界で活躍するも、突如としてすべてを捨て去り、独自の生活哲学普及に乗り出した。その「天風哲学」は今なお信奉者が多い。

【しあわせ団地】　団地に住む若い夫婦の貧しくも笑える日々を描いた物語。週刊「ヤングマガジン」にて現在も不定期連載中。

【行け！稲中卓球部】　中学校を舞台に卓球部員たちの青春を描いた物語。漫画家・古谷実の出世作となったギャグ漫画。

【山手樹一郎】　1899年〜1978年。編集者を経て作家となり、新聞連載した「桃太郎侍」で人気を得る。歴史小説『華山と長英』で第4回野間文芸賞を受賞。

拘置所の一日は、こうして始まる

佐藤　今、こうして田中さんと拘置所についてお話ししていますが、拘置所事情というのは実は意外と知られてないんですよね。

　というのは、そもそも収監されているのが未決囚ということで、一応の無罪推定が働いているために、刑務所のようにメディアに露出しないし、メディアの側も取材しようとは思わないということと、加えてあそこに我々のように長期間いるというケースがあまりないからという理由があるんでしょう。

　拘置所に入れられているのは未決囚以外は、確定死刑囚で、この人たちは外に出るときは棺桶ということなんですよね。

田中　死刑囚は刑務所じゃなくて拘置所に入れられているのが普通なんだよね。死刑になるまでの身柄拘束は刑の執行ではないからという理由で、死刑囚は刑務所には入らない。

佐藤　というわけで、我々のように一年も拘置所にいた経験者というのは実は例外的なんですね。獄中記に刑務所が舞台のものは多くても、拘置所ものは少ないという理由の一つがこれだと思います。

田中　国策捜査という今回のテーマから少しそれるかもしれないけれど、今の日本の司法制度が具体的にこうなっているということを知ってもらう一環としては、拘置所の話をするのは悪くないかもね。

佐藤　ことに、中での生活を事細《ことこま》かに追っていくのは面白いと思うんです。そこで一日のスケジュールをざっと追っていくと、まず起床時間は7時でしたね。

田中　建物中にチャイムが鳴ってね。

佐藤　その後に音楽が流れ出して、その間に洗面しなければならないんです。それで7時10分くらいになると、今度は「点検よーい！」という号令が掛かってすぐに点呼。1房〜72房まで順々に、一人ずつ称呼《しょうこ》番号というのを呼ばれていくんですよ。ちなみに田中さんは称呼番号何番でした？

田中　忘れたなぁ。たしか、3桁だったと思うけど……。

佐藤　僕は1095番でした。

田中　そんなことよく覚えているな（苦笑）。いや、佐藤さんの恐るべき記憶力にはいつも感服させられるよ。

佐藤　それで、その点呼が終わると、今度は「配盒《はいごう》！」という掛け声が掛かって、お茶と食事の時間になるんです。

田中　あの柳の葉っぱのお茶ね。まったく香りのしないやつ。そしてそのまま朝食の時間になるんだ。御飯と味噌汁とあと1品——フリカケ、デンブ、アミの佃煮《つくだに》、昆布、沢庵《たくあん》、たいていそのどれかが付いてきた。

塀の中の衛生事情

佐藤　それで朝食が終わるのが大体7時45分ぐらいで、そこからは部屋ごとに「願箋《がんせん》」という書類を書いて、願い事を出す。たとえば「ちり紙をください」とか「石鹸《せっけん》をください」とか、あとは「今日は手紙を出すので原稿用紙をください」とかね。それと買い物をしたい場合はマークシート式の紙に欲しいものを書いていくんです。月曜だったら惣菜《そうざい》と切手、火曜だったら花と食品といった具合に買えるものが決まっているんです。

それが終わると今度は順番にお風呂の時間です。

田中　風呂のある日はね。たしか夏場は週に3回、冬場は2回だった。とにかく朝が早いんだ。あんなに早くから風呂に入る機会ってそうはないよね。

佐藤　拘置所は17時には職員がみんな帰っちゃうから、風呂なんていうのは大体15時くらいには終わるように設定されているんです。それを逆算していけば朝から風呂ということになるんですね。

田中　でも、お風呂は比較的快適だったと思う。シャワーは使えるし、わりとふんだんにお湯も出たもの。出しっぱなしだったしね。

佐藤　時間も15分もらえました。

看守に「風呂用意！」と言われたらパンツ1枚になって、石鹸箱とシャンプーとタオルだけ持って待つんです。それで扉を開けられたら、さっさっさっとパンツ1枚で風呂に向かう（笑）。我々は独房だったから入るときも一人ずつでした。これが雑居房になるとみんないっぺんに入ることになる。何列かに分かれて、「こっちの列は3分間、お湯に浸《つ》かれ」とか「こっちの列は3分で身体洗って」といった具合にね。

私の場合、普段は一人で入るわけだけれど、たまに弁護士さんと会うために面会場に行く途中で、雑居房の人たちが風呂に向かう姿を見たことがあります。上半身刺青《いれずみ》ばかりの人とか、それはなかなかのものでした。

僕は最初の頃は旧獄舎にいたんですが、そちらの方は浴室が深いんです。新獄舎になると今度は洋式バスになり、深さはないんだけど、その代わり今度は身体を伸ばせるようになった。そんな違いもあったな。

田中　ただ、とにかく設備はしっかりしていたし、すごく清潔にしてあったな。湯に垢《あか》なんかほとんど浮いていなかったもの。

佐藤　僕はどえらい経験をしたことがありますよ。というのも、ある自己啓発セミナーというか、宗教団体の教祖様が僕と同じ時期に拘置所にいたんですが、この人がほとんど風呂に入らない。それでもって髪の毛は伸ばし放題で、着ている服もボロボロ。差し入れに来てくれる人もいないので、着替えもないいんです。で、その人がずっと風呂に入らないでいてくれるのなら何の問題もないいんだけれど、3カ月に一度くらい入るんだな。しかも、ご丁寧《ていねい》に湯船の中で髪の毛まで洗う。

他の未決囚たちはそれを知ってるから、彼が風呂に入った日はみんな辞退するんです。でも、当時の僕はそれを知らなかったものだから、彼の後に入ってしまった。

田中　それは大変だ。

佐藤　もう「もずく湯」状態ですよ（笑）。思わず「ギャッ」と叫んだ。それで、その声を聞いて看守が慌てて入ってくるんですが、風呂の状況を見るなり、「ああ、あのオッサンの後か。またやりやがったんだな」と。すっかり諦めている様子でした。

田中　汚い話のついでに言わせてもらうと、拘置所にはインキンや水虫といった病気が付きものだった。僕もひどい目に遭ったよ。

佐藤　僕もなりましたよ。

僕は昔、安部譲二《あべじょうじ》さんの『塀《へい》の中の懲《こ》りない面々』を読んで、その中で刑務所では水虫になってもヨードチンキしか塗ってくれないという話があったので、「拘置所に水虫の薬はないもの」とすっかり勘違いしていたんですが、実はちゃんとあるんです。それもベタッとした感じのものとサラッとした感じのものとの2種類。適宜《てきぎ》、タイプによって処方してくれるんです。おかげで僕は2週間くらいで完治したな。

あれね、どうしてみんな揃って水虫になるかというと、拘置所から無料で支給されるサンダルのせいだと僕は思うんです。僕、最初に水虫ができたとき、「なんか足に水脹《みずぶく》れができて困った」というふうに看守に訴えたら、その看守が気を遣《つか》ってくれて、目の前でサンダルを壊してくれたことがあるんです。

田中 そうやって新しいサンダルに替えてくれたというわけか。それはいい話だな。

でも、水虫以上に僕が苦しんだのはトイレだった。

独房の中には洗面所とトイレがあるんだけれど、トイレはむき出しになっているわけね。いちおう衝立《ついたて》もあるし、独房なんだから平気だろうという意見もあるだろうけど、いやいやどうも慣れなかったな。

佐藤 僕はすぐに面倒くさくなって、2週間ぐらい過ぎてからはほとんど衝立も立てなくなりましたよ。

田中 まあ、看守しか見てないから、僕のほうが気にしすぎなのかもしれないけどさ（苦笑）。それともう一つ苦労したのが、夜に尿意を催《もよお》したとき。これが本当に困る。水洗だから流すとものすごい音がするんだよ。もうフロアの隅から隅まで聞こえるぐらい。

佐藤 だから夜は基本的に流したらダメなんですね。そのためにバケツに水が汲《く》まれてあって、それを使って静かに流せと。

田中 そう言うのは簡単だけど、実際やる身としてはむちゃくちゃ大変だわね。それと、もう一つ大変だったのはやっぱり病気かな。僕は血圧がちょっと高めだったから。でも、それは言えばちゃんと中のお医者さんが診《み》てくれたけども。

佐藤　僕も血圧降下剤は飲んでいましたね。あと風邪も3回ぐらいひきましたけど、そのときもきちんと面倒見てくれました。ちょっと頻尿《ひんにょう》かなって思ったことがあったけど、そのときも看守が心配してくれて前立腺のお医者さんを呼んでくれましたしね。

そういえば、医務室に行く途中で雑役囚に会うんだけれど、それが印象的だったな。

田中　というと？

佐藤　拘置所の中で我々未決囚に対して、いろんな世話をしてくれるのがすでに刑が確定している懲役囚なんですね。彼らが雑役をやってくれる。世間の人から見れば、未決も既決も同じように思えるでしょうが、やはり懲役囚というのは訓練も規律もしっかりされているから、本当に背筋がぴしっとしてる。で、実際歩くのを見ていると、奇妙な掛け声を言いながら歩いているわけです。

田中　へぇ、まるで軍隊さながらだね。

佐藤　それが変な掛け声でね。「左、左、左、右」「左、左、左、右」、「1、2、3、4、5、6、7、8、左、左、左、右」と、こういう感じの掛け声をずっと口にしていたのが印象的だったな。

夕方のラジオは貴重な情報源

佐藤　一日の流れに話題を戻すと、風呂から出ると今度は10時に午前中のストレッチ体操がある。これが10分間ですね。

田中　独房の中に音楽が流れてきてね。そのための体操マニュアルもちゃんと置いてあるんだ。僕はあの時間が本当に貴重だったな。出る頃には身体が柔らかくなっていたもんね。

佐藤　それが終わると今度は「コーヒー！」という号令がかかる。コーヒーといってもコーヒーがそのまま出てくるんじゃなくて、コーヒーとか紅茶のセットとお湯が一式もらえて、自分で入れるわけです。

　すると次は「開缶報知器《かいかんほうちき》！」という号令が掛かって、缶詰を開く許可がもらえる。缶詰は一日に4個まで開けることが許されていて、「開缶報知器」の時間は2度あるのでそのときに自分が買ったり、差し入れされた缶詰を開けることができるんです。でも、その開けた缶の蓋《ふた》などで自傷行為をするといけないから、開けた途端に缶は回収されて、自分の手元にある容器に中身を移すようになっているんです。

田中　そうこうしているうちに11時になっていて、もう昼飯の時間。それが終わると、11時50分くらいから今度はラジオが流れ始めるんだ。朝の7時のＮＨＫニュースがこのときに聴ける。

佐藤　なぜこの時間に朝のニュースを流すかというと、検閲するからなんです。つまり、拘置所の中にいる人間が関わったニュースをすべて消し去っているんです。鈴木さんや僕が出てくるものもやはりこまめに消しているようでした。

田中　でも僕は自分のニュース、2、3回聴いた覚えがあるよ。何とも言いようのない不思議な気持ちになったね。家族や仲間はどんな気持ちでこのニュースを見聞きしているのかなって。ラジオでこれだけやっているんだから、テレビではどんなふうに報道しているんだろうとか。そんなことまで考えたなぁ。

佐藤　それはおそらく昼の、つまり定時のNHKニュースではなくて他の番組の中で聴いたんでしょうね。

というのも、まず具体的なラジオの時間を説明すると、お昼に朝のニュースを流す時間がある以外に、夜は17時から減灯《げんとう》の21時まで延々と垂れ流されているんです。夕方のラジオというのは、基本的には娯楽番組しかかからないんですが、実はこういった娯楽番組の中にもしっかりとニュースのコーナーというものがあったりするんです。僕が覚えている範囲だと、月曜日にJ―WAVEで角谷浩一《かくたにこういち》さんがやっていた「JAM THE WORLD」にもあったし、他にも19時からTOKYO―FMで小山《こやま》ジャネット愛子《あいこ》さんがやっていた「LOVE & NEWS」という番組にもしっかりと挿入されていました。

拘置所内で「娯楽」という扱いになっているこれらの番組のニュースというのはひじょうに狙い目だったんですよね。つまり、ライブでそのまま流れてくるわけだから、検閲のしようがないんです。だから昼のニュースより、僕はこうした娯楽番組を聴くときのほうこそ集中してシャープペンを持って、重要なニュースは片っ端からメモしていきました。これだけのことでたいていのことが把握できるものなんです。現在の世の中の流れというものが。

田中　夕方のラジオ番組は僕も印象が強いなぁ。たまにクラシックが流れてきたりするとしみじみした。普段はラジオなんてほとんど聴かないし、音楽だって演歌しか聴かなかったくせにね（笑）。

　結局、考えるんだけれど、あの頃の僕は誰かの声を聞いていたかったと思うんだ。何かの統計で見たことがあるんだけど、単身赴任者が家に帰ってまずやることって、電気を点《つ》けるんじゃなく、テレビを点けることだっていうんだよね。それがすごく理解できる気がした。誰かの声を聞いていたいという欲求が確実にあの頃の僕にはあったから。

佐藤　うん、それは分かりますね。僕はある頃までほとんどラジオを聴いていなかったんですけど、どこかの段階で「もう無理をするのはよそう」って考えて聴いてみたら、やっぱり面白かったなぁ。年に一度、大晦日《おおみそか》の夜だけ、深夜0時5分まで流れているなんてこともありましたね。紅白歌合戦が流れているんです。

田中　紅白の聴き方も全然違うよね。集中して聴いているから。

佐藤　うん、他にも印象に残っているものは多いですよ。僕が好きだったのは、NHK－FMでやっていた「青春アドベンチャー」という、小説をずっと朗読する番組。具体的な作品名を挙げると宮部《みやべ》みゆきさんの『蒲生邸事件《がもうていじけん》』とか、村山由佳《むらやまゆか》さんの『おいしいコーヒーのいれ方』とかね。ああいった放送劇なんてほとんど初めてだったけど、ものすごく印象に残るし、やっぱり面白かったですよね。それから「サンセットパーク」という、関東甲信越地方だけでやっているディスクジョッキー形式の番組もひじょうによかったな。

ここで一つ面白いと感じたのは、もちろんこちらから聴きたい番組を指定することはできないのですが、年に2回、リクエストを募《つの》るんですね。たとえば「野球はジャイアンツ戦を中心に放送していますが、それでもいいですか？」とかね。そのアンケート結果に関してはわりと素直に反映しているような気がしました。

田中　僕は特に土日を楽しみにしていたよ。というのも、土日はほぼ終日ラジオが流れていたからね。

佐藤　ラジオだけに限らず、土日の時間の流れは特に緩《ゆる》やかでしたよね。平日の午後は食料品や書籍類の差し入れの時間があって、その他にもう1回ずつ開缶報知器やコーヒー、体操の時間があるのですが、土日にはそれがない。起床時間は30分遅くなるし、コーヒーも朝9時の1回だけになって、それから差し入れ類は一切入らないんです。その代わり終日ほとんどラジオが流れていると、こんな具合です。

なぜ「拘置所メシ」はうまいのか

田中　今、こうして振り返ってみても、拘置所の中というのは比較的自由な時間が多かったよね。そして何よりも嬉しかったのが、食事がおいしかったこと。

佐藤　たしかに食い物はうまかった。

田中　でも、たまに裁判があったりして、拘置所に戻ってくるのが20時ぐらいになるということがあったじゃない？　それで冷めたメシを食わされるんだけど、あれだけはイヤだった。冬なんか特にわびしい気持ちにさせられたよ。

　でも、そうでなければ、食事はおいしかったけどね。特に僕が好きだったのは肉じゃがだね。あれはすごくいい味をしていた。やはり普通の家庭と違って一度にたくさん炊《た》くからあんな良い味が出ると思うんだ。

佐藤　それと醤油がいいんですよ。たしかあれは銚子《ちょうし》辺りの刑務所で作られたもので、これがすごくうまいんです。それから肉もふんだんに使われていましたしね。僕はひじきとか切り干し大根とか、そういう系統のものも好きでした。

田中　かえって、差し入れの弁当のほうがまずかったな。

佐藤　僕も基本的には差し入れ拒否願いを出していましたけど、たまに間違えて弁当が入ってくることがあったんです。あれが本当によくない。その弁当がどういうものなのかというと、これが本当にただのコンビニ弁当。しゃりだけは一応白いんだけど、ピカピカに見せるために油なんか振ってあって、ミニハンバーグとかシュウマイなんかで適当にお茶を濁《にご》している。「525円も払って、なんでこんなまずいものを食わないとなんないんだ」と頭にきたのを覚えていますよ。

でも、差し入れ弁当というのは前の週からの申告があって初めて入るものなので、弁当の差し入れがあると、拘置所はその日の分の食事を作ってくれないんですよね。拘置所というところはその辺はひじょうに合理的にやっているので。

これが警察署の留置場ならば、好き勝手に弁当を差し入れられるんですが、東京拘置所の場合は、この差し入れ弁当の店が指定されちゃっているからどうにもならない。

田中 でも、みんな好意で差し入れてくれているわけだよ。弁護士とかも「こっち（差し入れ）のほうがおいしいに決まっている」と思いこんでいるんだよ。実際に食べてみれば米3：麦7の拘置所の飯だって普通においしいのにね。

佐藤 ちなみに、もし拘置所の食事について具体的に知りたい、食べてみたいという読者の方がいましたら、ぜひ、学研から出ている『帝国陸軍戦場の衣食住』（現在品切れ）という本を読んでみることをお勧めします。これは題名のとおり、帝国陸軍での糧食に関してレシピまで添えて解説した優れた本なんですが、実は拘置所の食事は基本的に陸軍のものと同じなんですよね。カレーとか煮込みうどんなんかにしてもすべて同じ、軍隊食なんです。拘置所内で買うことができる缶詰なんかも、完全に軍隊の糧食にあったものなんですよ。牛缶にしても、シャケ缶にしてもね。

田中　しかし、僕は缶詰があんなにおいしいものだったとは、拘置所に入るまではすっかり忘れていたね。差し入れをお願いするときは、たいていイワシの缶詰入れてもらっていた。あれは本当にうまかったなぁ。

佐藤　ショウガがたくさん入っていてね。それで肉厚の大きなイワシが2～3匹入っているんです。うまかったですね。

田中　開缶してすぐに食べずに、食事の時間まで取っておいて副菜として食べてもよかった。

佐藤　でも、そうしようとすると時間差が発生する。缶を開けられる時間というのは朝10時と昼15時で、食事は11時と16時なんだから、ここで1時間のタイムラグが発生してしまうんです。

田中　季節が悪いとすぐ傷《いた》んだり温《ぬる》くなったりする。

佐藤　それに獄中では他の欲望が満たされない分、食欲が肥大しているので缶詰の中身を食事のときまで取っておくというのは心理的に大変です。

田中　弁当といえば、お正月はちゃんとおせち料理が出てきたね。ちゃんと重箱に入っていて、中身もたいていのものが揃っていた。

佐藤　ＪＲ関連の食堂が作ったおせちだったと記憶しています。

田中　ああいうものを食べさせてもらうとやっぱり感慨深い気持ちにさせられたな。外のみんなも食べているのかなぁなんて考えたよ。

食べ物の思い出は語り出したらキリがなさそうだね。それくらい食事は充実したものだった。何よりよかったのはきちんとカロリー計算してくれていること。それに週に2度体操させてくれるというんだから、これは健康的だよ。僕は約1年間あの中にいて、7〜8キロくらいは痩せたからね。

佐藤　僕は逆に増えたくらいですね。入る前は70キロぐらいだったんですが、出てきてみたら72キロぐらいになっていましたから。というのは、きちんと3食食べていたことに加えて、僕は差し入れのお菓子も食べていたんです。

田中　佐藤さんは『獄中記』で差し入れについて触れていたけど、たしかにお菓子の差し入れというのは嬉しかったね。特に夏場のアイスクリームはものすごくありがたいものだった。差し入れはあまり受け入れようとしなかったけど、あれだけは別だったな。

拘禁ノイローゼ

佐藤　それに加えて、僕はもともと運動が大嫌いなものだから、ほとんどやらなかった。ただ、運動に出るのは爪を切るときだけね。このときだけ外に出ました。爪切りがそこでしか使えなかったから。

田中　爪切りがペンチ式なんで使いにくかった。僕なんか巻爪だから切るのが本当に一苦労だった。でも、外での運動と言ったってたかがしれていたよ。広さにしたってあれどのぐらいだったのかね。

佐藤　屋上で運動するだけですからね。ただ、その屋上のコンクリートの隙間から、ほんの少しだけ向かいのマンションが見えた。新しい獄舎ではそういうのも全然見えなくなってしまったらしいんですが、あの「少しだけ人間の世界が見えている」という感じがひじょうによかったなぁ。

田中　新しい獄舎といえば、中の環境は相当よくなったという話だよ。

佐藤　冷暖房完備だって言いますからね。

　ところで田中さんの場合もたしか接禁でしたよね？　となると、中で誰かと話をするという機会はほとんどなかったと思うのですが、それについてストレスのようなものはありませんでしたか？

田中　実際、僕も一年間接禁で、何日かに一度弁護士と顔を合わせる以外はまったく誰とも会わなかったけど、苦には感じなかったかな。特別許可さえ申請すれば普通に外の人と面会できるんだけれども、それでも敢《あ》えて申請を出そうとは思わなかった。それよりも心を落ち着けて本を読みたいという欲求のほうが遙かに強かった。

佐藤　たしかに読書欲は旺盛になりますね。

田中　さっき佐藤さんがちらっと「滅灯」と言っていたけど、拘置所というのは正確に言えば21時に「消灯」するのではなく「減灯」、文字どおり「灯《あか》りが減る」だけなんだ。だから、かろうじて本は読める。僕は毎晩、0時ぐらいまでは読んでいた。ただ、時々看守が見回りにくるから、そのときだけは寝た振りをしておくんだ。

佐藤　僕の場合は完全にお目こぼしでしたよ。ものを書いていても本を読んでいてもまったくお咎《とが》めありませんでした。とてもじゃないけど21時になんか寝られませんもんね。
　僕ね、拘置所生活において一番きつかったのって、ひょっとするとこの10時間睡眠というやつかもしれません。21時に就寝して、7時に起床するというサイクルだけは……。土日になると、これが7時半起床の10時間半睡眠ですからね。

田中　それはまともに21時に寝ていたらね。だからどうしたって0時近くまで本読むようになってしまうのよ。

佐藤　僕の場合、深夜に何か思いついたときのために、筆ペンを常に枕元に置いておきましたね。筆ペンって上を向きながらでも書けるから、何かと重宝しましたよ。

田中　睡眠について言えば、佐藤さんは『獄中記』の中で夢のことについても色々と書かれていたよね。僕はあまり夢の記憶って残っていないんだなぁ。

佐藤　理由はよく分からないのですが、不思議と小さい頃に両親に連れられて旅行に行った場所がよく出てきました。それから昔飼っていたネコなんかもよく出てきた。なぜか人間はあまり出てこないんです。子どもの頃に飼っていた白黒のネコであるとか、モスクワ時代に飼っていたネコとかね。

田中　不思議な話だよね。今の話と関係のある話か分からないけど、検事時代、たまに取り調べ中に軽い拘禁病にかかる被疑者というのがいたな。拘禁1週間目とか10日ぐらいでその症状が出てくるんだ。

佐藤　どういった症状なんですか？

田中　それが不思議なもので、たとえば過去に犬を飼っていたという人なら、取り調べの最中に突然、横を向いて「よしよし」とか言って、いもしない犬の頭を撫《な》で始めたりするわけ。当然、僕はぞっとして「おい、お前。急に何をしているんだ？」と尋ねるよね。すると、「いやいや、今ちょうどうちの犬がきたものですから失礼しました」とか言い出すんだ。

でもそういう幻影が見えるとは言っても、取り調べでは普通に対話することはできるし、きちんと理性もあるわけよ。で、一週間もすれば何事《なにごと》もなかったかのように治っちゃうんだけど。僕は医者じゃないから分からないけれど、これが拘禁ノイローゼというものかなぁと思った記憶がある。

佐藤　これは拘禁ノイローゼにはならないとは思いますが、僕も拘置所に入ってから独り言は言うようになったかな。僕に限らず、周囲を見ていると独房の住人はみんな何かしらブツブツと独り言を言っていましたよ。檻から出てしばらくの期間、母親と一緒に住んでいたことがあるのですが、そのとき「あなた、ずいぶん独り言を言うようになったわね」なんてことを言われました。

わが小菅後遺症

田中　睡眠の話に戻るけど、僕はやっぱり慣れるまでは普通に寝るのが大変だった。2カ月ぐらい過ぎて慣れてきた頃からはよく眠れるようになったけど。『獄中記』を拝読させてもらうと、佐藤さんはすごく早い段階からあの生活に慣れていく様子が窺えるよね。もちろん、内面では色々な葛藤はあったと思うんだけど、まるで苦じゃなく過ごされていたように見えた。

佐藤　僕は基本的に環境順応性が高いですから。それと僕の場合、逮捕される直前にいわゆる鈴木宗男バッシングというものが起きて、記者連中が毎日のように押しかけてきたものだから家に帰れないという日が続いたんです。

それでどうしたかというと、六本木《ろっぽんぎ》にウイークリーマンションを借りたんだけれど、そこが本当にひどい環境だったんです。空気は悪いし、夜《よ》な夜《よ》な外国人が騒いでいてうるさいし、それこそ東京拘置所よりもよほど狭い部屋でしたしね。つまり、拘置所に入る前に耐性ができていたというわけです。

ただ、それで検事はすごく困ってしまったようでした。というのも、僕が拘置所での生活に適応しちゃっているものだから、保釈カードがまったく効かないんです。

田中　普通の人は「早く娑婆《しゃば》に戻りたい」と考えるものだからね。でも、検察ももう少し色々なカードを考えればいいんだよ。独房ではなくて、雑居房に落とすことをちらつかせるとかさ。

佐藤　雑居房行きをやられたら、僕の場合はきつかったでしょうね。よくフロアの下の方から喧嘩《けんか》する声が聞こえてきました。「あのときどこそこで手が当たった」とかなんとか言い合いが始まって、しまいにはたいてい「うわぁー」という感じで喧嘩が始まるんです。

田中　雑居に入れるのは、警察ではよく使われる手なんだけどね。しゃべらん奴はヤクザと一緒の房に入れたりする。

佐藤　だから、拘置所暮らしについてはたいていのことに関して僕は早い段階で慣れましたけど、性欲だけは別だったな。最初の3～4カ月間はまるで湧いてきませんでした。単刀直入に言ってしまえば、まったく立たなかったんです。でも、あるときからちゃんと勃起するようになって、それ以降はもう正常になったという感じでした。

田中　その3～4カ月という期間に何か意味はあったのかな？

佐藤　ある程度取り調べの圧力に慣れたことと、何より大きかったのは初公判が終わったという安堵《あんど》ではないでしょうか。

田中　僕も率直なことを言わせてもらえば、拘置所に入って一番変わったのはやっぱり性欲の部分だった。これは年齢のせいもあるだろうけれどね、僕の場合はいまだに治ってない。小菅後遺症だよ（笑）。

ただ、性欲の話はもちろんそれはすべての囚人に当てはまるわけじゃない。たとえば、さっき屋上からうっすらと外が見えるという話をしたけども、遠くのマンションに干されている下着に欲情してマスターベーションを始める奴がいるって話を聞くもんね。東京の場合はそう近くないからそれほどでもないいんだろうけど、大阪の拘置所は町のど真ん中（都島区友渕町）にあって、いろんなものが目に入ってくる。だから何かと刺激が多くて、その処理に困っているというよね。

佐藤　いやいや、東京だって若い連中はたいしたもんですよ。夜中なんか「ホーッ!」とか奇声がしょっちゅう聞こえてきましたから。もうほとんど動物園状態です。ただ、その辺については、基本的に看守はお目こぼしでしたね。

田中　ああ、そう？　何も言われないんだ。

佐藤　そこまで規制すると、さすがに管理上問題があるということじゃないでしょうか。

しかし、これはさっきの読書のところでも少し思ったんですが、田中さんのいた4階と僕のいた3階というのはどうやら雰囲気が少し違うみたいですね。

田中　たしかに夜中に奇声を上げるやつはおらんかったな（笑）。

佐藤　実は鈴木宗男さんも4階にいらっしゃって、その当時の思い出話をすると、同じ拘置所でも色々と違うなと思ったことがあるんです。ちなみに田中さんのときって同じフロアに死刑囚はいましたか？

田中　いやぁ、どうなんだろう。記憶にはないけど。

佐藤　部屋に監視カメラは？　僕の部屋には付いていたんです。だから減灯後も他の部屋より若干明るいんですよ。自殺防止房でしたから。

田中　僕のところにはカメラなんて付いてなかった。

佐藤　たとえば、他の独房でビデオで映画を観ている連中というのはいましたか？

田中　いやぁ、そんな人はいなかったと思うよ。

佐藤　だとすると、やはり田中さんのフロアには死刑囚がいなかったんですね。僕のいた3階のフロアには、たとえばボクサーの袴田巌《はかまだいわお》さんであるとか、連合赤軍の坂口弘《さかぐちひろし》さんとかね、死刑囚の人たちが結構いた。こういう人たちは、僕たち未決囚よりも自由があるので、部屋でビデオを観たりできるんです。だからその辺の関係もあって、僕のいたフロアでは夜中に読書することとか性欲処理に対する規律とか緩かったんじゃないのかなって思うんです。

【袴田巌】　1966年に静岡県清水市で起こった強盗殺人放火事件で逮捕され、裁判で死刑が確定したが、冤罪を訴え再審を請求中。逮捕以来40年以上にわたって拘置されている。

【坂口弘】　元連合赤軍中央委員会書記長。1972年、あさま山荘事件で逮捕。同志を2人殺害した

罪で死刑判決を受ける。獄中で作った短歌が『坂口弘　歌稿』『常《とこ》しへの道』として出版されている。

拘置所とは巨大な官製ホテルである

田中　さっきも話に出たけれど、今の日本で未執行の死刑囚というのは全部で１００人くらいいるわけで、その大半が東京拘置所に集まっている。どこかの獄舎のどこかのフロアには死刑囚はいるんだろうね。

佐藤　でも、それ以外の人間は未決囚ということで、やはり無罪推定が働いているから、それなりの自由を与えられている。特に我々のような独居房にいる連中というのは、ほとんど何もしないでいいわけじゃないですか。荷物は倉庫に預けておいて、必要となったら全部雑役囚が持ってきてくれるし、シーツや枕、布団のカバーといったシロモノだって、出しておけばきちんと夕方にはアイロンがかかって戻ってくる。食事だって待っていれば3食ちゃんと用意してくれるんですから。やはり、最初に言ったとおり、拘置所の未決囚はどこかで「お客さん」の部分があるんだと思うんです。

　だから僕は、途中から拘置所というのは要するに巨大なホテルなんだと思うようになったんですよ。部屋は4畳の広さしかないけれど、手の届く範囲にすべてやれることがあるわけで、これが物ぐさな僕みたいな人間にはちょうどよい（笑）。本当に横着した生活をさせてもらえる快適なホテルなんです。

田中　しかも、そのホテルは勉強したり、ものを考えたりするのには打ってつけということでね。それにすごい安全性も兼ね備えているという面もある。何しろ我々がいた旧獄舎に関して言えば、関東大震災もくぐり抜けてきた代物《しろもの》なんだから。

佐藤　実際に地震があったときや、季節の変わり目なんかに、よく建物の耐震性について安心するようアナウンスされていましたね。地震に便乗した暴動を起こさせない配慮でもあるのでしょうが。他にも地震のときの心得が記された冊子なんかもありました。

田中　ともあれ、佐藤さんとは違い、僕は（上告中の）最高裁でも執行猶予をもらえる可能性はひじょうに低いんだ。となれば、当然懲役ということになるだろうから、今度は刑務所暮らしを経験することになるわけだ。でも、そのときはけっして悲観的な気持ちにならずに、もう一度、何かを一から勉強してこようと思っているよ。

第4章

検事の情報術、外交官の情報術

なぜ、特捜検察では外部との接触を禁じられているのか

佐藤　検察時代の田中さんも外務省の私も、仕事の上で情報収集がひじょうに大きな位置を占めていたという点では共通しているわけですが、しかし、その情報の取り方、集め方については明確に違う部分がある。それも『反転』を読んで感じたことの一つです。

というのも、田中さんの場合は検察という組織がバックにある。つまり公権力を後ろに持っていて、「いざとなったら逮捕するぞ」という前提で情報の収集ができるんです。これがひじょうに大きい。なぜなら、誰も捕まりたくなんてないから、情報を提供せざるをえないから。もちろん、だからといって正しい情報がかならず入ってくるわけではない。実態をゆがめた話をしたり、あるいは自分にとって不利となる部分は薄めて他の人間を売る証言をするということもあるでしょうが。

こうした事情については、我々も日本国内で情報を取る場合は同じです。国家という公権力が後ろにあるわけですから。しかし、これが外国に赴任しているときには、逆に公権力を向こうに回して仕事をすることになる。もちろん、僕ら自身は外交特権があるので逮捕されることはありませんが、しかし、「変なことを嗅ぎ回っていたら、ネタ元をパクってやるぞ」とか「ペルソナ・ノン・グラータとして国外追放してやるからな」というプレッシャーは常にある。そ

のあたりはやはり検察と外交官とでは大きく違う。
その意味では、ジャーナリストの場合は我々のちょうど中間、フラットな状況の中での情報収集になるんじゃないかな。

田中　たしかに僕は特捜時代、積極的に外に出て情報収集をしていたほうだと思うんだけれど、僕のようなやり方が検察のスタンダードだったかといえば、けっしてそうじゃない。先日、「週刊文春」で僕に関する記事が載《の》っていたようだけれど（2007年10月11日号）、その中で特捜時代に上司だった石川達紘《いしかわたつひろ》さんがこうコメントしてた。情報を取るためなら「ダーティーな連中」とも付き合う田中は「検事としては危なくて使えない」って。これは組織の論理としてはおっしゃるとおりだと思うの。特捜は、原則的には東京も大阪も外部との接触が一切《いっさい》禁止されているんだから。

佐藤　そもそもなんで外部との接触を禁止しているんですか？

田中　僕には正直理由が分からないんだけれど、結局「検事というものは常に清く正しくあれ」ということなんだろうね。裁判官なんかと同じで、要するに、得体《えたい》の知れない人間と接触すれば、世間から疑われる。何もやましいことはなくても、疑われるだけでもダメなんだと。それぐらい清廉潔白じゃないといけないというのが上の論理。

佐藤　じゃあ、上の人たちはソープランドはもちろん、銀座とかにも行かないんでしょうね。

田中　行かないんだろうね、お偉い人たちは（笑）。

佐藤　そんなことはないでしょう。いくら検察官といったって男としての生理現象というのはあるわけだから。

【ペルソナ・ノン・グラータ】　外交用語。ラテン語で「好ましからざる人物」の意。通常、外交官やその家族などは、たとえば接受国（派遣先の国）で刑事責任に問われることを免除されるといった種々の外交特権を与えられているが、接受国は「ペルソナ・ノン・グラータ」を通告して、当該外交官の召還を本国に求めることができる。

世間知らずの検察エリートが生まれるわけ

田中　まぁ、ああいう閉鎖された社会ほど性的にスケベな人間は多いよね。一般的な真理としては僕も否定しないよ（笑）。

いずれにせよ、そういう建前が絶対とされる中で特捜は仕事をしなければならない。これが普通の検事だったら、警察や国税とかから送致された事件を扱えばいいわけだけど、特捜はそうはいかない。だから、外部から告訴か告発を待つか、あるいは雑誌を見て事件のヒントを摑む。その二通りくらいしか、事件と関わる方法はないわけだ。

まあそれでも実際、東京みたいに政治経済の中心ならば、告訴や告発を待っていても、大きな事件、いい事件というのは回ってくるからそれでいいのかもしれない。ところが、これが大阪になるとそんなこと言っていられなくなる。待っているだけじゃ事件なんて回ってこないんだ。自ら動き出さなきゃ、特捜の存在意義ってどこにある？　僕は大阪時代にそういう考えが身に染みついちゃったんだよね。

本音を言えば、僕は東京だってそういう待ちの姿勢はおかしいと思っている。

そもそも検察官というのは法律上、独任制の官庁、つまり検察官は一人一人が独立した官庁であるということになっている。裁判官なんかは、任官して5年もすれば自分で判決できるようになるんだ。検事だって、少なくとも特捜の検事くらいはもっと自由に、己の裁量でやらせてくださいよというのが僕の考えだった。もし、それで万が一間違いが起きてしまったら、そのときはちゃんと責任取ればいいわけだからね。

佐藤　よく分かります。

田中　だけど、実際には行動の自由なんてほとんどなかった。マスコミとの接触すら禁止されているんだから。でもね、国民が特捜に何を求めているのか、今の世の中の動きはどうなっているのか、その情報を一番持っているのってやっぱりマスコミの連中だよ。

もちろん彼らが検事に近づこうとするのは、僕たちから検察情報を取りたいという思惑《おもわく》があってのことではあるけれど、ちゃんとした信頼関係を築けば、抜け駆けして記事にするみたいな無茶なことはしない。そういう意味では、限りなくノーリスクに近い情報源だとは言えるわけ。
それなのに、今の体制は一律にマスコミとの付き合いすら禁じようとしてしまっている。その結果、検察組織の中だけで純粋培養されすぎていて、世間を見る目がまったく養えていない、人前に出すのが恥ずかしいという人間がどんどんできてきてしまうわけだ。みんな揃ってお勉強はできるのかもしれないけどね。

佐藤　そういえば、特捜部長に就任したとき、「マスコミは、やくざ者より始末に負えない悪《あく》辣《らつ》な存在です」という挨拶状を、わざわざ新聞記者に出して大問題になった人がいましたね（笑）。

田中　そんな人もいたね。だから、そういうことが一番はっきり分かるのは結婚式のスピーチなんだ。普通、どんな会社でも役所でも、偉くなるような人は結婚式で挨拶させれば、それなりに立派な内容のスピーチができるもんじゃない？　ところが検察のお偉いさんのスピーチと来たら、内容は空疎《くうそ》だし、ただ長いだけ。

佐藤　純粋培養の人の特徴ですね。

田中　そもそも検察には組合なんてものもないからね。だから、組織の中で揉まれるということもない。いわゆる赤レンガ派は、江戸時代のお殿様と一緒みたいなものだよ。だから「情報収集」という意味だけでなく「人間形成」という側面においても、僕は外部と触れることは必要なことだと思っているんだ。

リークされた逮捕情報

佐藤　でも田中さん、少なくとも現場の特捜検事はマスコミと付き合っていると思いますよ。というのも、実は僕が逮捕される3週間くらい前に、某週刊誌の記者から「三井物産を狙うチームとは別に外務省の報償費、調査活動費を狙うチームができた。そこに脱税の専門家が配置された」という内容の話を照会されたんです。これって僕の取り調べに当たった西村氏のことです。

それからもっと重大なのは、逮捕される前日に発売された「週刊現代」に、僕と前島陽《まえじまあきら》くんの逮捕が特捜内部で決められたといった内容の記事が出たこと。これはかなり大きな問題で、というのも、もし僕がこの記事に悲観して自殺でもしていたら、捜査そのものがすべてそこで終わりになってしまうわけです。

だから逮捕された後の取り調べで、僕はそのことを検事に直接文句を言ったんですね。そうしたら「いや、実はどうも情報が漏れていたらしく、その人間はすでに代えた」なんて言い訳をされた。そこで僕も少しカチンときて、「それはあんたらのところの情報管理がしっかりできてないからだ。そんなずさんな体制で供述なんかできるか！」と食ってかかったことがありました。

ちなみに檻から出た後に追跡してみたら、実際ある検事がそのタイミングで京都のほうに人事異動になっていることが判明しましたよ。聞くところによると、やっぱり「週刊現代」のフリーランスの記者との間に飲み食いの構図があったらしい。

ちなみに田中さんは検事時代に調活（調査活動費）ってどれくらい使われていました？

田中　ゼロ。すべて自分のカネでやっていた。

佐藤　それは個人としては立派だと思いますが、組織人としては危ないですよね。田中さん個人がどうのこうのということではないけれど、要するに自分のカネを仕事のために使うと、どこかのタイミングで「これまで使ったカネを組織から取り返そう」という発想になりがちですから。

田中　たしかに、それはあるかもしれんね。でも、僕らの場合は、自分のカネを使うといったってたかがしれている。そもそも誰かと食事をするということだってないんだから。情報提供者に会うにしたってせいぜい喫茶店ぐらいのものだった。それ以上の接待は必要ない。

というのも、そもそも検察に情報を提供しようと考える連中というのは、その見返りにカネを求めているわけじゃないんだ。たとえば、将来的に何かあったときは助けてもらいたいという安心感だったりするわけでね。でも、それだけにこっちは気をつけていなければならないんだけど。純粋に一市民として司法に協力しようなどという気持ちなんてまずないわけで、将来的な見返りをかならず期待しているわけだから。

佐藤　それは当然のことですよ。マスコミも含めてね。

裏社会との付き合い方

田中　いや、マスコミに関しては、僕は佐藤さんの意見とは少し違う。

というのも、マスコミの連中には「いつか自分たちが検察に狙われるのでは？」という危機意識はないんだ。だから自分を守るために情報提供はしてこない。逆にその危機意識がある連中というのは、いつ自分が狙われても大丈夫なように、いわば保険としてこっちに情報を提供してくる。だから付き合い方を誤ると、こっちが怪我《けが》をする。マスコミはその心配はない。

実際、僕だって危なかったと思う経験はあったよ。

東京の特捜にいた頃に、今もまだ行方不明の池田保次を情報源に使っていたことがあるんだけど、ある日、いつものように有楽町あたりの喫茶店で会ったら、「検事、これ持って帰ってよ」とドスンとテーブルの上に風呂敷包みを置くわけ。「何よ、それは」と尋ねたら、「私が今(買い占めを)やっている雅叙園《がじょえん》の株券ですわ」って。

もちろん、僕は「アホなことを言うな」と怒鳴った。検事は喫茶店で茶を飲むときだって割り勘にしなきゃならないのに、そんなものもらったら僕は検事を辞めるはめになってしまう。1％だって受け取るつもりはなかったけど、少しでも弱みを見せたらすぐにつけ込まれるんだ。そういう危険性はいつでも孕《はら》んでいたな。ちなみに僕が弁護士に転身してから、その池田とは敵味方に分かれるという不思議な因縁《いんねん》があったんだけどね。

佐藤 僕だったら株券なんか持って来られたら、こう言ったでしょうね。「なんで株券なんか、足のつくようなもんを持ってくるんだ！　ちゃんと無記名の割引債持ってこい！　失礼な！」って。

田中 （苦笑）だから、石川達紘さんじゃないけど、僕のやり方はたしかに危険がつきまとっていたとは思うの。その意味では、怪我せずにやるには今の体制のように外部との接触をすべてシャットアウトしていればいいのかもしれないけど、それじゃやっぱり仕事をしていく上で限界が出てきてしまう。待っているだけじゃ何も始まらないし、裏の人間しか持っていない情報というものは実際にあるんだから。

佐藤 そうして集めてきた裏情報の信頼度というのはどれくらいでした？

田中 7～8割くらいは正確なものだったと思うよ。

佐藤 その場合でもやっぱり情報の裏付けは取るんですよね？

田中 それはもちろん取る。複数の人間から、上手にね。

佐藤 実際、そうして情報を信じた結果、火傷《やけど》した経験というのはないんですか？

田中 実は一度だけそれに近い経験をしたことがあるな。大阪時代に、ある市長を狙っていたときのことなんだけど、知り合いの弁護士が僕らの動きに気付いて、ある人物を連れてきてくれたんだ。それで、その人物がものすごく熱心に捜査に協力してくれたんだけれど、でも、どうしても証拠を掴みきることができずに、結局立件することはできなかった。

するると、最後の最後になってそいつがこう言うわけよ。「私か私の関係者が市長のところに賄賂を持っていきますから、検事、どうかそれで手柄を立ててください」。さすがに「そんなわけにはいかんやろ！」と怒ったけど。

佐藤 その人物はどうしてそんなことを？

田中 後で分かったことだけれど、そいつは大きなラブホテルを作ろうとしていたわけだ。だけど事情があって、警察からも市からもなかなか許認可が下りなかったらしい。結局、その捜査を打ち切って数カ月後にやってきて「検事、申し訳ないんですが、ちょっと市と警察の方に掛け合ってみてもらえませんか」と言いに来たよ。

佐藤 でも、ラブホテルの許認可権なんて検察は持っていないじゃないですか。

田中 だから口利きして圧力をかけろということだったんだろうね。でも、検事がそんなことしたら大変な問題になるに決まっている。そんなふうに検察に対する協力者というのは絶えず見返りを期待しているものなんだ。だから、上が外部との接触を一切禁止するという理由も分かる部分はあるんだよ。

【池田保次】 暴力団組長を経て、バブル期に大阪の仕手集団「コスモポリタン」を率いる。日本ドリーム観光、雅叙園観光、タクマなどの株買い占めなどで名を馳《は》せたが、現在は行方不明である。
【雅叙園】 雅叙園観光株式会社は、雅叙園観光ホテルなどを経営する一方、結婚式場、不動産賃貸なども行なっていたが、87年にコスモポリタンの株買い占めにより経営権を握られ、700億円にのぼる手形を乱発された上、コスモポリタン破綻後にも混乱が続き、97年に事実上倒産した。

なぜ三菱重工CB事件は潰されたのか

佐藤 一口で裏社会の人間を使うといっても、色々な基準があると思うんです。たとえばどういう場合に裏を使って、どういうふうにその人を見つけてくるのか教えてください。

田中 分かりやすい事件を例に挙げると、以前、僕は三菱重工CB事件というのを担当したことがある。このネタを摑んだのは僕自身だったんだけど、「経済界」という雑誌に当時の山一證券の会長のインタビューが載っていて、そこで「三菱重工のCB（転換社債）を発行するに当たって、総会屋やら自民党の大物の政治家がたかってきて往生した」というような愚痴を言っているわけよ。それだけじゃなくて、発行された転換社債の一部を総会屋に横流ししたとまで言っていた。

これを読んで僕は「こいつはすごい事件になるぞ」と直感したわけだけれど、もともとの記事は山一の会長インタビューで、特に事件記事というわけじゃない。だから、新聞やテレビの記者も問題に気付いていないわけ。
そこで僕は内偵捜査を始めることにしたんだけれど、そこでどうしたかというと、当事者である総会屋に協力者を作ったんだ。大阪地検時代に知り合った元大物総会屋に「東京で協力者になれそうな現役の総会屋を紹介してくれ」といった具合に持ちかけた。それで実際に総会屋を呼んでもらって、色々と聞いてみたら「実は我々も三菱重工からCBの割り当てをもらいました」というわけよ。
細かい話は省略するけれど、当時はどこの企業でも転換社債は公開すればかならず上がったし、この三菱重工の場合でも2週間で倍の価格に高騰してるわけだ。だから、CBの割り当てをもらうということは、もう利益供与とまったく変わらないわけだよ。三菱重工はそうやって、総会屋だけでなくて、防衛族議員にCBをばらまいていたことが分かったわけ。

佐藤　それはリクルート事件の前ですか、後ですか？

田中　リクルートの1年前やね。

佐藤　でも、いくら特捜検事が相手だといっても、総会屋だってそういう情報はタダでは話してくれませんよね。

田中　そりゃ取引ということになるわな。

佐藤　その場合はどういう基準で取引する総会屋を決めるんですか？　野党総会屋でやります？　それとも与党総会屋？

田中　その段階ではまだ誰が与党で誰が野党かなんて分からなかった。だから僕はその基準を金額で決めたんだ。「この額までだったら俺の裁量の範囲で許してやる。だから知っていることを全部話せ」と、こんな具合に。

佐藤　それはうまいやり方ですね。バチッと数字で切っちゃったのはひじょうにうまいと思う。そのときはまったくお咎めなしにするんですか？　それとも起訴猶予に？

田中　そこは起訴猶予にする。悪いことはしたという前提で、でも情状等をすべて踏まえて絶対に逮捕はしない、起訴もしないというふうに。そうやって協力者を少しずつ作っていって僕は事件を作ろうとしたんだ。

ところが、結局この事件は潰されてしまうんだけどね。

結局、三菱重工のCBを発行した山一證券にしたって、三菱重工の主幹事だった野村證券にしたって、元検事総長や元検事長といった錚々《そうそう》たる検察OBが顧問弁護士なんだよね。僕らが捜査に動いていると気付いたら、そういった偉い人たちが一斉に圧力をかけてくるわけだ。

そうなると「転換社債はかならず上がるというわけでもないんだから、利益供与には当たらない可能性がある」とか、上も言い出すようになってくる。

佐藤　リクルートの後だったら、間違いなく有罪でしょうけれどね。

田中　当時はバブル全盛期なんだから、そんなもの値上がりするに決まってるわけだけれど、まあ、理屈としては上司の言い分も成り立つ。そこで、こっちは世論を味方に付けようというんで、後輩の検事に頼んで「商事法務」という専門雑誌に「転換社債の割り当てをするのは、利益供与に当たる」という論文を発表させたわけだ。

そうしたら、ここで横槍が入った。当時の最高検検事というのが、元の特捜部長だった河上《かわかみ》和雄《かずお》さんだったんだけれど、何と同じ雑誌に「転換社債は儲かるとは限らないから利益供与には当たらない」という論文を載せたわけよ。正直、あのときは「ここまでやるか」と思ったね。僕が検察を辞めることになる、一つのきっかけになったのはこの事件だったな。

【転換社債】 会社の株式に転換する権利が認められた社債のこと。一般的に発行後一定期間をおいて株式への転換が可能になる。バブル期に資金調達の方法として、頻繁に用いられた。

【リクルート事件】 リクルートコスモス社の未公開株を賄賂として受け取ったとして、1989年、政治家、官僚らが次々に逮捕された汚職事件。12人に有罪判決が出されたが、リクルート株を渡されたと言われていた自民党大物代議士は訴追されなかった。

【野党総会屋・与党総会屋】 たとえば企業の株主総会のときに、企業側からあらかじめ金品を受け取り、スムーズな議事進行を助ける役割を果たす総会屋のことを与党総会屋と言う。それとは対照的に議事進行を妨害することで金品を要求したりする総会屋を野党総会屋と言う。両者とも企業からの不当な利益を狙う点では、同じ穴の狢《むじな》と言える。

【河上和雄】 弁護士。元検察官。東大法学部卒。東京地検時代にロッキード事件の捜査にあたる。その後、東京地検特捜部長、最高検検事、最高検公判部長などを歴任。1991年退官後はテレビ・コ

―メンテーターなどを務める。

こうすれば検察の尾行は簡単に撒《ま》ける

佐藤　話は変わりますけれど、どうして特捜というのはあんなに尾行が下手くそなんですか。

田中　（苦笑）

佐藤　尾行の基本は自分の痕跡を消しながら歩くということですが、検事はそれさえできていない。逮捕される直前に行動確認として見張られていたんですが、すぐに気が付きましたよ。ああいうことを事務官あたりにやらせちゃダメです。素人と何も変わりません。

あんまり気の毒になったので、僕は一度見張りの人間に、「今日はもう帰っていいよ。それでまた明日10時に来てくれ。それまでは絶対に外出しないから心配しないでいい。約束はきちんと守るから」と言ったことがあるくらい。

田中　これに関しては、弁明の余地はないね。そもそも警察なんかと比べたら圧倒的に訓練量も経験も少ないわけだし、ある程度、事件が具体化すれば特捜の資料課というところの事務官を使って専門に調査をさせることもできるんだけど、そうなるまでは自分のところの事務官一人しか手駒がないんだ。

だから、僕の場合はそういうときはよく新聞や雑誌のカメラマンを使ったよ。彼らにとっては相手に気付かれずに尾行するのも仕事のうちだし、写真までちゃんと撮ってきてくれる。最初の段階で「この特ダネはもちろんあんたのところにやる。でも事件になるまでは絶対に発表するな」と約束してね。

佐藤 この本の読者の中にもいつか特捜検察に尾《つ》けられる方がいるかもしれないので、ここで具体的に尾行の撒《ま》き方を指南しておくと、たとえば新幹線を使うのは一つの手ですね。あらかじめ東京＝大宮、あるいは東京＝新横浜といった短い区間の回数券を買っておいて、新幹線の改札に飛び込むんです。そうすると、尾行者は切符がないから大慌てする。

あと、たとえば東京湾とかで毎日運行されているディナークルーズ船も使えるな。あれも尾行している連中を撒くのには打ってつけです。というのも、彼らはそういった予算が少ないですからね。

田中 尾行を撒くには電車に乗るのが一番いいとはよく言われるけども、それは発車寸前の山手線に飛び乗れといった程度の話で、新幹線なんて話は聞いたことがないよ。検察官の懐具合まで見越して対策を立てちゃうんだから、やっぱり佐藤さんは特別なんだよ。

お恥ずかしい話だけれど、僕なんか検察の尾行にまるで気付かなかったクチだもの。逮捕される数日前、あるヤクザのナンバー2と道後温泉にゴルフに行ったんだけど、ラウンドを終えて食事をしていると、「先生、誰かに尾けられてません？」って尋ねてくるわけ。そのときは逮捕されるなんて夢にも思っていないから、「わしなんか尾けるアホがどこにおるんや」って笑っていたんだ。でも、そのナンバー2は「おかしい、変だ」と首を傾げているわけ。

それで、いざ蓋を開けてみたらまんまと尾けられていたんだよね。後で分かったことなんだけれど、1カ月という長期間にわたって行動確認されていた。やっぱりヤクザは常にアンテナを張っているからピンと来たんだろう。でも僕はダメ。まるで気付けなかった。

佐藤　インテリジェンスの世界では20〜30人ほどの人員でチームを組んで、ありとあらゆる可能性をシミュレーションした上で初めて尾行する。それが国際スタンダードです。内偵の期間も軽く3年は有しますよ。そこまで徹底して尾行をするわけだから、まあ、特捜検察の尾行がすぐバレてしまうというのは、ある意味、しかたがない話ではあるのですけれどね。

マージナルな人間をターゲットにせよ

佐藤　ここまで田中さんの検事時代の情報収集術を聞いてきたわけですが、当然といえば当然だけれども、僕のいた世界とはやはり違うと感じました。そもそも、外交の仕事というのは基本的には日本人と付き合わなくていいので土俵からして違うわけですから。

そこで僕らが情報源として誰を狙うのかといえば、常にマージナルな人。つまり、物事《ものごと》の中心、メインストリームにいる人でなくて、周辺部、傍系にいる人たちなんです。

たとえばゴルバチョフの時代だったら、アゼルバイジャン人でした。というのも、ゴルバチヨフ政権になって、側近として重用されたのは主としてアルメニア人だったんです。地図を見ていただければ分かりますが、アゼルバイジャンとアルメニアというのは隣り合わせで、当然ながら関係性が悪い。だから、ゴルバチョフ政権になってアルメニア人が政権内部で力を持つと、必然的にアゼルバイジャンは守勢に回るんです。

そこで、そういった彼らにこちらが理解を示しておくと、共産党の秘密会議の内容などを教えてもらえるようになっていくというわけですよ。

田中 その場合、日本の外交官に情報提供することによって、アゼルバイジャン側に何か利はあるの？

佐藤 というより、大義名分があるといったほうが正しいのかもしれません。つまり、現体制下では西側陣営の大半がゴルバチョフを支持している。ということは、すなわちアルメニアの考え方が世界中にばらまかれているということになるわけです。

そこでアゼルバイジャンが最も危機感を持つのがナゴルノ・カラバフ問題なんですね。

このナゴルノ・カラバフ問題がどういったものかというと、そもそもナゴルノ・カラバフというのは、アゼルバイジャンの中にある、アルメニア人ばかりが住んでいる土地で、これがどちらの国に帰属するかということが長年にわたり両国の間で争われてきた。アゼルバイジャン人にとってナゴルノ・カラバフが自分たち固有の領土であるということは死活的に重要なことなので、西側の一員である僕らが、彼らの立場に一定の理解を示すというのはアゼルバイジャンの大義にとってはひじょうに貴重なことなんですよ。

もちろん、それに加えて具体的な利益も提供しますよ。飯も食わせますし、酒も飲ませる。

田中　へぇ、やっぱり飲み食いさせるんだね。それはこちらから持ちかけるわけ？

佐藤　うん、それは決定的に重要なことですね。

どうしてかというと、普段は「我々は対等な人間関係で付き合っているんだ」という形で信念を共有する姿を見せておいて、しかし、ギリギリのところでは、力関係はこちらのほうが強いんだという形を作っておかなければならないからです。そういう力関係を構築するのってやっぱりお金なんですよね。

カネの渡し方、配り方

佐藤　でも、何でもお金を使えばいいかというと、そうではない。

お金というのは不思議なもので、ちょっとしたもの、たとえばサンドウィッチやコーヒーを奢《おご》ってもらうといった程度だと「今度はこっちが返さなければ」という気持ちが湧いてくるものなのですが、それがあまりにも巨額になってくると、今度は逆に返さないでいいやという気持ちが芽生《めば》えてくるものなんです。

田中　へぇ、面白いね。もらう額が大きくなってくると、かえって図々《ずうずう》しくなって、たかってやろうという話になってしまうんだね。たとえばロシアの場合だとその一線というのはどのくらいの額になってくるのかな。

佐藤　そのラインはロシアだろうと日本だろうと変わりません。その国の労働者のおおよその平均年収、ここが大体の基準になってきます。だから日本の場合ですとおおよそ400万円くらいでしょうか。通常の役人やサラリーマン、あるいは編集者を落とそうと思うなら、このくらいの額が一番心理的に負担になってくると思われます。無理をすれば返せないわけではないけれども、でも負担だなぁというラインがこのあたり。

ただ、そういったことも含めて、お金の使い方にはやはり苦労しました。

普通、役人というのは収賄で捕まることを恐れているものなのですが、僕の場合はいつも「贈賄で捕まるんじゃないか」ということを心配していました。外交特権があるから逮捕はされないのでしょうが、やはり怖かったですね。これればかりは誰もやり方を教えてくれませんでしたから。

田中　カネを使えばいいというわけではないというのが面白い。

佐藤　額もそうですが、渡し方も重要なんです。普通の人が考えるのは、よい情報を持ってきたときは20万円、悪い情報のときにはやらないといったような「対価制」なんですが、これはよくないですね。というのも、カネ目当てでガセ情報を掴まされる可能性がある。では、そこで情報の中身に関係なく、毎月のお手当みたいな形で渡すのもダメ。これだとお金を受け取ることが当たり前だと思うようになって、どんどん情報が粗くなっていくんです。

では、何が一番よいやり方なのかというと、あくまでも基本は友情なんだというスタンスを守ることです。たとえば、よい情報をもらったときに、謝礼で済ませるのでは友人関係とは言えないから、「ありがとう」という言葉だけにしておく。その代わり、相手の誕生日とか記念日には「おめでとう」と言って、たとえば20万円を包んで渡すわけですね。そうやって、一年間のトータルとして100万なら100万を渡すようにする。そうすると、相手は情報を提供してるのはカネのためではなくて、友情の証《あかし》としてなんだと考えるわけです。

田中　僕が弁護士時代に付き合っていたバブル紳士の中で、一番金遣いがすごかったのは「五えんや」の中岡信栄だったけれど、彼のところに行くと芸能人やら政治家、そればかりか中島《なかじま》義雄《よしお》とか田谷《たや》広明《ひろあき》といった大蔵官僚までが来ているわけね。その連中は何が目当てかといえば、中岡がぽんぽん渡す札束なわけだ。一度に500万、1000万円を渡すのが普通だった。とにかく誰彼かまわずにカネをばらまくわけだよ。

佐藤　でも、そんなにカネをばらまいたところで、何かが返ってくるわけではないでしょう。

田中　そう。結局、みんなたかるだけで、それを恩義に感じるというわけではないよ。まあ、中岡のおっさんも貧乏のどん底から成り上がった人だったから、そうやって有名人や政治家のパトロンになれるというだけでも嬉しかったのかもしれんけれどね。でも、結局は金の切れ目が……ということやね。

佐藤　そこで一つ重要なのはお金そのものが好きな奴は信用してはならないということです。たとえばこれが女好きなら一晩に3人も抱けば十分ですよね。どんなに酒が好きな奴でもウィスキーを2本も飲めばヘロヘロになる。だから自然と限界がある。

しかし、これがお金そのものになってくると、話が違ってきます。10万円もらえば100万円欲しくなるし、100万円もらえば今度は1000万円欲しくなる。際限がないんですよ。カネ好きを信用してはならないというのはそういうことですね。

とはいえ、情報提供者を落とすのにお金は絶対的に必要なものです。特に惜しんではならないのが相手方に対する医療的な支援ですね。「命が一番大切」という価値観は万国共通のものですから、相手が病気をしたり、怪我をしたりしたときに出し惜しみしては絶対になりません。事実、スパイというのは徹底的にそこにつけ込んでくるものです。

たしか例の防衛庁の海自三佐のスパイ事件でもそれがあったと記憶しています。報道によれば彼の子どもが白血病か何かで、完全にそこを狙われたらしい。こうしたケースでは、かりに治療がうまくいかなかったとしても、「自分の家族の命を助けようとしてくれた」という恩義は何物にも勝るものなんです。裏を返せば、情に厚いとか正義感が強いなどという人間の「美徳」こそが、情報の世界では徹底的に利用されるということなんですけどね。

―【中岡信栄】　大阪の焼き鳥チェーン「五えんや」から大成功したバブル紳士。「政界のタニマチ」と―

も言われ政財界と深い付き合いがあった。田中森一『反転』のなかでも、バブル期を象徴するような豪快な金遣いのエピソードが描かれ「バブルで一番の蕩尽王《とうじんおう》」と言われた。

【中島義雄】元大蔵官僚。大蔵省では一貫して主計局畑を歩み、将来の事務次官候補とも目されたが、サイドビジネス疑惑、接待スキャンダルなどで1995年、財政金融研究所長を最後に辞任。

【田谷広明】元大蔵官僚。主計官などを歴任するが、東京税関長だった1995年、接待スキャンダルで大蔵省を辞職。

【防衛庁の海自三佐のスパイ事件】在日ロシア大使館武官にイージス艦などの防衛関係の情報を流していたとして、2007年、海上自衛隊の三佐が逮捕された事件。ロシアに対する本格的な情報漏洩事件はソ連崩壊後初めてのこととされる。

「書く」「書かない」の基準点

田中　ちょっと話がずれるかもしれないけれど、僕の『反転』でも、佐藤さんの『国家の罠』でもそうだと思うんだけど、たとえば個人名一つ取っても、「ここまでは書こう」、「ここからは書くのをやめておこう」という判断は当然あったと思う。佐藤さんはその基準をどこに置きました？

佐藤　僕の場合は至極簡単です。過去にトラブルを起こしたり、あるいは問題がある人がいたとしても、自分よりも力関係が弱いと思う人のことは一切書かない。それも単純にポジションで決めるのではなくて、たとえば役職が僕より上であっても、単に人間力や精神力が弱くて、弱いがゆえに寝返ったり、あるいは能力の欠如ゆえに失敗したというケースは書きませんでした。

田中　たとえば、佐藤さんを取り調べた西村検事なんかについては？

佐藤　いや、今僕が言ったのはかつて味方だった連中についてのことで、西村さんは明確に敵でしたから別です。しかも、彼は仕事として取り調べをしていただけのことですし、そもそも力関係だって圧倒的に向こうのほうが上なんですから。

田中　実際には佐藤さんのほうが人間関係として上に立っていた感じがするけれどね。

佐藤　そうでもないでしょう。たまに星飛雄馬みたく目が燃えちゃって、「俺は絶対に正義を追求していくんだ」というタイプの検事っているじゃないですか。西村さんはけっしてそういうタイプではなく、明らかに上司から言われて僕のところに来た。で、実際に調べに当たってみたら、どうも当初の筋読みが間違えているようだ。とはいえ、自分の口から筋読みが違うとは言えるはずがない。その狭間で彼自身苦しんでいったと思うんです。

田中　そうだろうね。いや、まさに今おっしゃったとおり、やっぱり西村くん個人としての良心や正義感と、組織として検察が作りあげたストーリーと正義。これが相反していたんだと思う。彼自身には相当の良心の呵責があったんじゃないのか。

佐藤　西村さんは、この先ちゃんと検察庁で出世していきますかね。

田中　今と同じ道を行こうと思うのなら厳しいだろうね。『国家の罠』という本は彼の人生にとって、やはりそれだけのインパクトがあったと思うよ。

佐藤　でも税金とか脱税とか、白黒をハッキリとつけない、折り合いをつける形の捜査の道で生きていくのだったら、うまくやれるでしょう。

田中　おせっかいな話だけれど、一番いいのは弁護士に転職することかもしれないね。『国家の罠』が出たことも、弁護士になるのならけっしてマイナスにならない。むしろプラスに働くだろう。人間的には「この人に会ってみたいな」と思わせる魅力がたしかにあるからね。

チクタクしている時限爆弾

田中　それで、僕の場合どこに「書く」か「書かない」かの基準点を置いたかというと、これは明確。あくまでも法的な側面だけを捉えて決めた。「これを書くことは名誉毀損《きそん》に当たるのか、当たらないのか」と、本当にこれだけ。

もう一つ意識したことがあるとすれば、たとえヤクザや裏社会の人間といった一般的には「悪」とされる人間のことであっても、その人間に「善」の部分があると思えば、それはきちんと書こうと努めた。そうでなければ、やっぱり「しょせん、ヤクザはヤクザ」というような捉えられ方をされてしまう気がして、それが一番イヤだったんだ。

でも、書くか書かないかの判断基準は自分より強いか弱いかだけだという佐藤さんの話には感心したな。それは佐藤さんの持つ優しさなんだろうね。

佐藤　いや、そこには僕なりの計算もあるんですよ。というのも、今、外務省の中では私の評価がまっぷたつに割れているんです。

頭ごなしに「けしからん」と思う人たちが全体の6割ほどいて、一方で「佐藤にもそれなりの理屈があるんじゃないか」と考えてくれる人たちが4割くらいいる。そんな状況の中で、もしこの本の中に、弱い者いじめするような記述が一つでも入ってきていたとしたら、この割合は9：1くらいになってしまっていたでしょう。

そうなれば、ただでさえ一家一門の意識の強い外務省のことです。組織が団結して私に足払いかけてくるのは目に見えていますから。だからそういう意味では自己防衛のための基準なんですよ。

田中　僕の場合、実は最初に『反転』を持ち込んだ出版社には出すことを断わられているんだよね。詳しいことは知らないけど、やっぱりヤクザ絡みの名前が頻出することに怯えがあったんだと思う。その点、版元の幻冬舎はよく読み解いてくれたと思う。原稿をしっかり読んだ上で、特定の誰かを傷つけるために書かれた原稿ではないから大丈夫と判断してくれた。実際、驚くくらいクレームは来ていないという話だよ。

佐藤　僕はある意味じゃ名誉毀損に関しては腹括《くく》っちゃっていたんですよね。というよりも、僕が書く本や雑誌論文に出てくる外務省の連中には、毀損される名誉など最初からないと考えているんです。

ただしプライバシーの侵害はありますから、その点にだけはできる限り配慮しました。たとえば、公務に支障がないかぎりどれだけだらしない私生活を送っていたとしてもそれはあくまで個人の趣味として切り離しましたが、外務省の事務の女の子に手をつけて、赤坂溜池《ためいけ》あたりのマンションを借りておいて18時～22時くらいまでそこにしけ込んで、また戻ってきて、タクシーチケットの出る0時になったらそそくさと自宅に帰るというようなケースだと、いくらプライバシーに触れるとはいっても、やはり公務員として大いに問題だと思うんです。公務に影響を与えるだらしのない私生活については、国民の前に明らかにすべきという基準で書きました。

だけどね、これは『反転』に関しても同じことが言えると思うのですが、今一番恐れているのはすでに何かを書かれた人間ではなく、身に何かしらの覚えがありながらまだ何も書かれていない連中のほうですよ。どんな爆弾が飛び出してくるのかとヒヤヒヤしているんじゃないでしょうか。

田中　そういう人たちにとっては、今でも時限爆弾がチクタク言っているように思えてならないんだろうね（笑）。

第5章

裏社会を語る——
カネと暴力

魅力的な裏社会の住人たち

佐藤　『反転』にはすごく個性的な人、面白い人が次から次へと登場してきますが、僕が一番魅力を感じたのはやはり宅見勝《たくみまさる》組長だったな。人心掌握術《じんしんしょうあくじゅつ》にプラスして、どこか捨て身なところを感じさせます。「経済ヤクザ」などという括りじゃ語りきれない、やはり任侠道のようなものを読んでいて感じました。

田中　僕は仕事柄、上場会社の社長や会長、あるいはエリート官僚と呼ばれるような人たちとも付き合いがあったけど、そういう人たちの話というのは、たしかに立派な内容ではあるんだけれど、どこかで「本を読めば書いてありそうなこと」という感じがするんだよね。ところが宅見さんに限らず、ああいう世界で上り詰めていく人たちというのは、どんなに本を読んでも勉強できないようなことを教えてくれるわけ。

それと同時に、僕がたえず感じたのは「自分は弁護士のバッジを付けてるけど、このバッジがなくても、はたして一人の男としてこの人らと対等な勝負ができるんだろうか」ということだった。そういう意味では「これは敵《かな》わない」と思わせる人は多かったよ。

佐藤　僕もロシアにいた頃には、そうした裏社会につながる人たちと関わる機会が少なからずありましたが、やはりそういう人はどこか独特の魅力を感じさせる人が多かったですね。

ただ、日本の場合は裏社会と表社会というのは、一応の区別がありますが、ロシアの場合はちょっと違う部分がある。

というのは、高級官僚でありながらマフィアの一員だとか、実業家でもあるしマフィアでもある人がとても多いんですね。

しかもそういった人たちは、けっして自分の裏稼業を隠そうとしないんです。どちらの肩書きもちゃんと名刺に刷《す》られている。

日本人の感覚からすれば、暴力が社会のあちこちに根を張っているということになるんでしょうが、しかし、ロシアというのはそうした人たちがいないとうまく動かないという現実があるんです。

田中　表が実業家で裏がマフィアというのは分かるけれど、表の稼業が高級官僚というのはちょっと日本じゃ想像がつかない話だね。

【宅見勝】　宅見組初代組長。１９８９年、渡辺芳則《わたなべよしのり》が5代目山口組組長に就任すると同時に、5代目山口組若頭になり、山口組の屋台骨を支える存在となる。バブル期に「経済ヤクザ」として新事業を開拓したのは彼の功績とされる。97年、神戸のホテルの喫茶店で談笑中に対立する暴力団組員から射殺される。61歳だった。

「スポーツ・マフィア」はどうして生まれたのか

佐藤　国会議員でマフィアというんでしたら、これはイタリアなどにもある話ですが、ロシアの場合、役人や政府の職員がマフィアということもあるんです。世界的に見ても、これはひじょうに面白い現象でしょうね。

たとえばロシアにはスポーツ観光国家委員会という、日本でいうところの国土交通省の一部のような役所があるんですが、その次官という人に会ったら、名刺の肩書きのところに、日本で言うところの「○○組組長」といった肩書きが併記されていたことがありますよ。

なぜ、こんなことがロシアで起きているかというと、これにはオリンピックとひじょうに密接な関係があります。

というのも、ご承知のとおり、かつてのソ連ではステート・アマを輩出するために保育園や幼稚園の頃から運動能力に優れた若者を選別していて、スポーツの英才教育を与えた。そこではすごい競争が行なわれていて、中学、高校と段階を踏むごとにふるいに掛けられるわけです。そして見込まれた人間だけが、スポーツ専門学校に入れた。

しかし、そのスポーツ専門学校に入学できても、最終的にオリンピックの選手にまでなれるのは１０００人にわずか一人という狭き門です。となれば、残った９９９人はあぶれてしまうことになる。

田中　オリンピック代表で金メダルなんか取ったら、それこそ英雄で、一生食うに困らないだろうけれど、努力しても代表に選ばれなかった人たちは気の毒だね。

佐藤　単に落第するだけならまだしも、こうした学校では筋肉増強剤などをたっぷりとぶちこんだりして、無理な身体作りをやっていますから、途中で廃人同然になったりする人間もいるんです。もちろん、学業なんかまったくやってないから潰《つぶ》しが利《き》かない。

それでも、ソ連時代はまだよかった。というのは、そうした連中は、ソ連時代にはあちこちにあったスポーツセンターが受け皿となって、そこに就職することができたからです。

田中　国が再雇用先を斡旋《あっせん》してくれたわけだ。

佐藤　ところが、その仕組みがソ連末期くらいから、ほとんど機能しなくなったわけですよ。

この結果、何が起きたかというと、そういう人たちが互助組織を作るようになるわけですね。イタリアのマフィアとかと同じように、似たような境遇の者同士で結束して、地回《じまわ》りなんかを始めたんです。

田中　スポーツマンだから腕《うで》っ節《ぷし》は強いだろうしね。

佐藤　これが最終的にはネットワークを作り上げて「スポーツ・マフィア」という組になったんですよ。

エリツィン大統領はそこに目を付けたんですね。

彼は政府内にスポーツ観光国家委員会という組織を作って、タバコや酒を免税で輸入できる特権を与えて、巨大な利権を与えた。つまり、スポーツ・マフィアという暴力装置を国として管理することに成功したんです。エリツィンの後のプーチン大統領もシェスタコフという自分の腹心の国会議員を入れたりして、そのシステムをそのまま引き継いでいます。このスポーツ・マフィアはロシア国内でも最も恐れられている暴力組織だと言えるでしょう。

借りはかならず返す

田中　日本の新聞なんかには絶対に載っていない話だね。要するに国家が裏の社会を直接管理できる仕組みを作り上げたというわけか。日本では考えられないことだよ。この国では裏社会そのものを許そうとしないんだから。

佐藤　裏社会というのは、日本のロシア外交にとっても絶対に無視できないものでもある。

差し障りがあるのでディテールは省きますが、以前、9月3日を「軍国主義日本に反対する日」に制定するという法案がロシアの国会で通ってしまったことがありました。明らかにこれは北方領土問題の駆け引きの材料として定められたものなんですが、こちらとしては止める手立ては何もない。そこで企業家であり、裏ではマフィアの親分をやっているある人のところへ相談に行ったんです。そうしたら一言「分かった」と。この結果、大統領が拒否権を発動して事なきを得たということがありました。こういう話はマフィアに頼まないとまずできない領域です。

もう一つ例を挙げると、羽田孜《はたつとむ》外務大臣がモスクワに来たんだけれど、大使館がいくら努力しても首相のチェルノムイルジンが会ってくれないんですね。そこで大使に「これじゃかっこつかないからなんとかしてくれ」と泣きつかれた。元々、チェルノムイルジンという人は腕に刺青なんか入っていて、若い頃はヤンチャして暴れていたことのある首相でしたので、そちらの方面につながる筋のところにお願いしたら、会談をセッティングしてもらえたということがありました。

でも、本当はあまりやりたくなかった。というのも、借りを作ることになるわけですから、ここで借りを作ったら、どこかできちんと返さなくてはいけなくなる。

田中　僕もその点については常に気にしていたよ。よほど心を許している相手でないかぎり、何か便宜を図ってもらったり、何かをもらったりしたら、次に会うときにはかならず返すようにしていた。相手を疑っているわけじゃないけど、そういうことで不義理をすれば、あとでつけ込まれることにもつながるからね。「先生、この間あれしてあげたじゃないですか」といった感じで。まあ、でも、そうやって恩着せがましくやってくるのは、往々にしてたいした男じゃないけれどね。

その点においても、宅見さんというのは懐が広いというか、むしろこっちにいろんな気遣いをしてくれて、恐縮することばかりだったな。

暴力団追放で社会は「明るく」なるのか？

佐藤　日本では最初から「裏社会は悪である」と決めつけられてしまうわけだけれど、実際にはどんな国でも裏社会を必要としている部分があると思うんです。

その点において、僕が感心するのはやはりプーチン大統領ですね。というのも、彼はロシアにおける裏社会の必要性をきちんと理解していた上で、「ここまでが表の領分、ここからが裏」という境界線をきっちり引いて物事に対処しているわけです。

たとえばロシアにも風俗産業があるのですが、ちゃんとマフィアが牛耳《ぎゅうじ》っているから、外国人でもロシア人でもボラれたとか怖い目に遭ったとかいう話を聞きません。ところが日本だと、中途半端に警察が風俗産業に介入してくるから、かえってむちゃくちゃなことばかり起こるんだと思うんですよ。

田中　歌舞伎町《かぶきちょう》から日本のヤクザを追い出したのはいいけれど、そこに中国人やロシア人が入ってきてかえって危なくなった、みたいなね。結局、人間の欲望を欲望として認めた上で、それをどういうふうにコントロールしていくかということが重要だよね。盛《さか》り場《ば》の管理にしたって、日本のヤクザにある程度の仕事と責任を与えたら、絶対に警察よりうまく回していくと思うよ。でも、この国では絶対にそれを許さない。まずマスコミが許しちゃくれない。

佐藤　そもそも、どこか特定の団体に所属しているからといって、それだけでその人物を悪と決めつけてしまうのは実は危険なことなんですけどね。

田中　でも日本人はすぐにレッテルを貼りたがる。ヤクザにしても「暴力団」というレッテルでしか見ようとしないで、すぐに社会全体で排除しようとしたがる。

佐藤　その点、『反転』を読んでいてすごくいいなと感じたのは、田中さんが肩書きではなく、人物本位で人付き合いしているということでした。

田中　僕は自分自身が差別されてきた経験はないけど、人を学歴や職業、生い立ちなんかで色分けすることが一番嫌いなんだ。たとえばヤクザだからといって十把《じっぱ》ひとからげに悪いと考えるのがどうしても許せない。別にヤクザの存在自体を褒《ほ》め称《たた》えるつもりはないし、成人してからヤクザになるような奴はバカだと思っているけど、その一方では、育った環境や差別といったハンディキャップゆえに、ヤクザという道しか選びようがなかったという連中も本当に多いんだよ。そういう彼らの生い立ちとか事情とかを最初から切り捨てて、ヤクザは社会から追放しようというのでは何の解決にもならない。彼らが何とか生きていける社会の隙間《すきま》はそこしかなかったという現実は認めてあげなければならないと思うんだ。

それにさっきのロシアの話ではないけど、日本にだってヤクザがいるからこそ守られているという領域が少なからずあるわけだしね。

佐藤　『反転』の中で語られている会津小鉄会《あいづこてつ》の親分さんのエピソードは象徴的でしたね。

田中　高山登久太郎《たかやまとくたろう》会長ね。あの人が僕にいつも言っていたのは、「先生ね、京都には日本全国からこれだけの修学旅行生が来ているのに、ひったくりに遭ったとか恐喝されたとかって話を聞いたことないでしょ？　これは私の誇りなんですよ。はぐれ者を野放しにしとったら、修学旅行どころじゃなくなるから、私が裏で全部まとめているんです。連中は警察より私を恐れていますから」ということだった。

これは真実だと僕は思ったよ。法や社会からはみ出したアウトローの連中は警察なんか怖くないけれど、ヤクザの親分だけは無視できない。そういう部分では警察なんかよりもヤクザのほうがよほど社会をまとめる力があるんだよ。

【会津小鉄会】　京都市下京区に本拠地を置く指定暴力団。幕末から明治にかけて名を馳《は》せた侠客、「会津小鉄」こと上坂仙吉《こうさかせんきち》の流れを汲《く》むとされる。

19世紀ロンドンと変わらない日本の格差社会

佐藤　それともう一つ、僕にはヤクザが必要だと思う理由があるんです。

というのは、現在の社会構造の問題に直結してくることなのですが、「週刊金曜日」で佐高《さたか》信《まこと》さんと雨宮処凛《あまみやかりん》さんが対談していたのですが（2007年8月10・17日合併号）、そこで雨宮さんが言うには、今のフリーターの若者たちの夢というのは「年収300万になって結婚して家庭を持つこと」だというんですね。

というのも、たとえばコンビニの店員だと一番時給の良いのが深夜帯でだいたい1200円くらい。それを8時間こなしたとして一日に9600円。これを週5回やるのは身体的に厳しいので、せいぜい3回くらいだとして、日給9600円×週3回×4週で、月に10万円〜12万円くらいしか稼ぐことができないんですよ。これで真面目に社会保険費払って、住民税も払ってということになると、可処分所得が年間90万円くらいしか残らない。深夜に8時間ずつ、一日おきに働いたとしてもこれしか手にすることができないんです。だから、「年収300万円で結婚する」というのが、夢として語られているわけです。

こんなふうに展望のない状況っていうのは、19世紀半ばのロンドン、つまりマルクスが『資本論』を書いていた頃のイギリスの工場労働者と全然変わらない。いや、まだ19世紀のイギリスには、チャールズ・ディケンズの世界に出てくる救貧院（ワークハウス）があっただけよかったのかもしれません。そこで強制労働をさせられはするけれど、生きていく上で最低限のものは与えられていたわけですから。日本だって、戦前なんかは社会保障なんかなかったけれども、食いつめたら口入れ屋《くちいれや》に行けば住み込みの仕事がそれなりにあって、たとえ重労働でも食う寝るところは困らなかった。ところが今は、ネットカフェ難民ですからね。実際、国税庁の調査でも年収200万円以下の国民が1000万人を超えていると言います。
結局、今の日本って、そうした人たちの受け皿になるような場所がすべて潰れてしまったと思うんですよ。そして、かつては、そうした役割の一部をヤクザが担《にな》っていたと思うんです。

田中 たしかに、社会のどこにも受け容れてもらえないはぐれ者だったり、差別されたりしている若者でも、ヤクザの社会に入れば、ひょっとしたら出世できるかもしれないという希望があったわけだからね。

佐藤 そうやって考えてみれば、今だからこそ、ヤクザに対して違う見方をする必要があるんじゃないかと思うんですよ。「持っているものは身体しかない」という若者でも食わせてくれる場所なんて、今やヤクザ組織と新興宗教くらいしか残っていないご時世なんですから。

田中 でも、今の世の中は画一的に彼らに「暴力団」というレッテルを貼って、とにかく排除しようとしているんだ。その発想は絶対に間違っていると僕は断言するよ。

【雨宮処凛】 1975年、北海道生まれ。愛国パンクバンド「維新赤誠塾」ボーカルなどを経て作家に。現在は新自由主義の中、生活も職も心も不安定さに晒《さら》される人々（プレカリアート）の問題にも積極的に取り組んでいる。

「愚行権」を認めない新自由主義の偏狭さ

佐藤　僕は「ヤクザのいる明るい社会」という状況はけっして不可能ではないと思うし、むしろ、そうした考え方が今こそ重要になってきていると思う。

今の世界は、日本も含めて新自由主義が力を持っているわけだけれど、新自由主義と昔からの自由主義、オールド・リベラリズムとの大きな違いの一つは「愚行権」を認めるかどうかにあるんです。つまり、それが自分に対して確かな危害を与えないかぎり、他人が愚かなことをする権利を認めようというのがオールド・リベラリズムなんですね。ところが、新自由主義ではそうじゃない。愚行権は認めない。

その象徴的な例が禁煙運動ですね。

もちろん、タバコには受動喫煙の問題があるわけですが、それをとりあえず横において考えれば、他人がタバコを吸うことに何も問題はないと考えるのが自由主義なんです。たしかにタバコを吸えば肺がんになる確率が高まるでしょうし、お金もかかる、火災の危険性だって高まるでしょう。良いことは一つもない。タバコを吸うのは愚行です。しかし、それでみんなが確かな危害が加えられていると証明できなければ、タバコを吸うこと自体を禁止してはいけないとするのが、自由主義、オールド・リベラリズムの根幹なんですよ。

同様にヤクザについて議論するときも、じゃあ「あなたは直接ヤクザに危害を受けているのか」、あるいは「間接的にでも被害に遭ったのか」。さらに言えば、あなたが受けている被害と、社会が得ている利益のどっちが大きいか。まずはそういう議論から始めるべきなのに、それが一切ないまま、最初から「暴力団はけしからん」というのは僕は何か違ってしまっている気がしてならないんです。

ところが、今の時代ではこうした議論は通用しない。というのも、新自由主義が愚行権を認めないからです。それどころか、世の中から愚行はすべて排除して、クリーンな世の中を作るべきだというのが新自由主義のスタンスなんですよ。

それは田中さんご自身のことでも同じですよね。田中森一はヤクザと付き合いがあるとか、そうした世の中に流布《るふ》している一面的な情報だけを摑まえて、「田中はけしからん」と言う人はたくさんいます。でも、ちょっと待ってくれと言いたい。

「じゃああなた自身は田中さんに何かひどい目に遭わされたんですか?」、「何か被害を受けたんですか?」と、そういう議論をきちんとしなきゃならないと思うんです。なぜそんなに田中さんが悪く言われるかといえば、結局マスコミ報道とか印象操作とか、そんなものに翻弄されているだけのことなんですね。

レッテルでしか判断しない「世間」

田中　でも、世間の人はまずレッテル貼りから始めるからね。とりあえず善人か悪人か、どっちかの枠に押し込めてからでないと何も語ることはできないんだ。僕の場合は幸いにもこうして『反転』が少しでも売れてくれたから、最近では別の見方をしてくれる人が増えてきたけれども、それまでは「日本で一番の悪徳弁護士」といった扱いをされてきたんだから。世間の評判というのは本当に怖い。

しかも、それは今佐藤さんがおっしゃったように、僕から何か直接の被害を受けているんだったらいいんだけども、何も受けてない。それどころか面識すらない人たちの悪意なんだからね。特に世間的に立派とされる人たちがまずそういうレッテルを貼っていくんだ。これは経験した者だから言えることだけど、本当に怖さを感じたよ。

佐藤　僕も最近、引っ越しをしようと思って、不動産屋に行った。で、いい物件があったから、さっそく決めてきたんです。そうしたら午後になってから急に不動産屋から電話がかかってきて、一転して「ダメ」。なぜかと尋ねたら、「他の人から聞いたのですが、あなたは刑事被告人らしいじゃないですか」って（笑）。

田中　似たような話で僕が困ったのは、銀行の口座だな。

というのも、バブル時代、僕は依頼人の借金の整理とかで日本中の大銀行と相当喧嘩《けんか》してきたわけよ。「そりゃ、借りて返せないのも悪いけれども、何十億、何百億をジャブジャブ貸したほうだってそれなりの責任がある。その責任を棚に上げて、一方的に返せとは何事か」とか言うわけで、「文句あるんだったら、あんたのところの顧問弁護士、100人だろうが200人だろうがかまわんから全部連れてこい。裁判やろうじゃないか」なんて平気で啖呵《たんか》切っていた。

佐藤　それは正論ですよね。

田中　ところが、こういうことを言ってたものだから、銀行から僕はどうも札《ふだ》付き扱いされるようになったらしい（苦笑）。

というのも、ある時、僕が関わっていたある会社の口座を、某都市銀行に開いたら、数日経《た》ってからそこの支店長が慌てて僕のところに飛んで来て言うわけ。「すいません、田中先生。先生が関係している会社だからということで、本部のほうから取引をやめるようにと通告が来ているんです」。

それを聞いて、僕もカチンときた。「あんた、それ理屈通るのか。ワシが何かお宅の銀行を騙したとかいうのなら分かるけれど」と尋ねたら、「いや、理屈が通らないことは分かっていますす。ですが本店から言われてしまったんで、勘弁してください」なんてことを延々言い続ける。

それでいよいよ僕も頭にきちゃったんだけれど、もうその支店長、しまいには泣くように「そんなこと言わんでください。なんとかとにかく頼みます」って言うものだから、もうかわいそうになってきちゃってね。結局そこは引き払うことになった。

モスクワから見た日本のバブル

佐藤　ちなみに田中さんがこれまで付き合ってきた中で、遊び方やお金の遣い方がキレイだなと感じたのはどなたですか？

田中　金遣いのキレイな人か……カネを持っている人ならたくさんいたんだけどな。まあ、一番豪儀にカネをばらまいていたのは、やっぱり前にも話に出てきた「五えんや」の中岡信栄やね。ホテル・オークラを定宿にして、自分の部屋で政治家に牛乳風呂入れさせたり、ホテルのボーイにまでチップとして大金を握らせたりしてね。見ていて気持ちがいいくらいだった。上手に金を使うなと感じさせたのは許永中。彼の場合、たとえそのときにカネを持ってなくても、ちゃんとあるように見せるのが上手《うま》いんだ（笑）。

佐藤　田中さんの本を読んでいるだけでも、許永中という人には妙な魅力があるんだろうと分かりましたよ。

田中　これればかりは、実際に会った人間でないと分からないかもしれないけれど、本当に彼はやっぱり人と違う魅力を持っていたと思う。

佐藤　僕が『反転』を読んでいて一番面白いと感じたのは、やはりバブル時代の話ですね。というのも、僕は実は、ちょうど日本がバブル景気に沸いていた頃にロシアに行っていたものだから、バブルというものを実体験したことがないんですよ。86年に日本を出ちゃって戻ってきたのが95年ですから。

田中　それは気がつかなかったな。

佐藤　その頃のロシアがどういう国だったかというと、一言でいえば、「石鹸《せっけん》を買うために行列ができる国」。そんな生活の中にいたものだから、バブル時代の話は知識としては知っているけれど、皮膚感覚として理解できない。それだけに『反転』は面白かったんです。

田中　当時の日本のバブル景気の余波は、モスクワの日本大使館にまでは伝わっていなかったのかな？

佐藤　日本が異常な状況になっているらしいと一番感じさせてくれたのは、モスクワを訪問する要人に同行してくる記者たちでしたね。

田中　というと？

佐藤　モスクワに一軒だけ幕の内弁当を作ってくれるところがあるんだけれど、その店がぼったくって弁当1個に1万円という値段を付けたんですよ。日本で食べればせいぜい600～700円の内容ですけれどね。「いくら何でもひどすぎるだろう」と思っていたら、何と「経費で落とせるからかまわない。どんどん持ってこい」と言ってくるわけ。

田中　そりゃいくらなんでも、めちゃくちゃな話だね。

佐藤　で、その弁当の代金について、今度は大使館で偽造領収書を作ってやるわけです。それを僕がやらされた。大使館の公用箋の右下に日本大使館の判子《はんこ》をポーンと押して、僕のサインを入れる。「あとはお好きな額を書いてお使いください」とか言って記者たちに渡すんです。

田中　公印まで押してあれば、それは疑われない。

佐藤　特にテレビの連中のカネの遣い方はひどかったな。何百万もする取材費の半分以上を着服したりするなんて平気でやっていた。だから、幕の内弁当1万円なんて安いものなんですよ。

田中　一方のソ連はといえば、ものすごく大変な経済状況の最中にあったわけだよね？

佐藤　当時のロシアで何が起きていたかというと、たとえば夜のニュースで「本日の24時をもちまして、50ルーブルと100ルーブル紙幣は使用できなくなります」と突然発表されるようなことばかり。50ルーブル、100ルーブルといえば高額紙幣ですよ。それが政府命令によって突然紙くずに化けるんですから。

そんなのを見ていると、日本人の僕だってカネなんてものを信用できなくなりますよ。「国家がぶっ壊れてしまえばカネなんかあっという間に使えなくなるんだ」とイヤというほど痛感させられました。

そんなわけで、僕はどこかで「カネよりモノ」という発想を今でも引きずっているんです。

たとえば、僕の家には同じボールペンが未使用のまま30～40本と転がっているんですが、なぜかといえば、気に入ったボールペンを文房具屋で見かけるとどうしても買い占めたくなるから（笑）。理性では分かっているのだけれど、「いつなくなるかもしれない」という不安が働いてしまうんです。

田中　佐藤優氏の意外な側面を知ったな（笑）。

佐藤　おそらくこの癖《くせ》はもう一生抜けないと思いますね。

「カネで解決できない問題」は何%なのか

佐藤　そこで話を戻せば、『反転』のバブル時代のエピソードがなぜあれほど面白かったかといえば、あそこにカネそのものが持つ面白さというか、カネの持つ力というか、そういったものが描かれていたから。僕は、カネというものは並たいていの権力を遥かに凌駕《りょうが》する力を持っているんじゃないかと思っているんです。それこそ検察の強制権力なんかよりも遥かに絶大な力を持っているのではないかと。

田中　ある側面においては、たしかにそうかもしれない。

佐藤　そこで考えたのは「カネの力で解決しない問題っていったいどれくらいあるんだろう？」ということでした。僕は全体の2%くらいなんじゃないかと予想するんです。カネの力で解決しないのは世の中の2%の事案で、あとは額はともかくカネで解決することができる。

田中　それは面白い見方だね。具体的に言うと?

佐藤　田中さんが弁護士時代に会ったバブル紳士に魅力を感じたのは、彼らが「お金で買えないものはない」という確信を持っているところにあったんじゃないかと思うんです。でも、それは裏を返せば、カネでは買うことのできない2%の部分を本当はみんな見たがっていたとも言えるんじゃないかと。たとえば「こいつは信念があるようなことをほざいているけれど、ギリギリのところでカネに転ぶんじゃないのか」とか、あるいは「この女は凛《りん》としていて、並の男は寄せ付けないような顔で振る舞っているけど、実際にはカネで寝るんじゃないか」とか、そういった具合で他人を見ているというわけです。

これはロシアで実際にあった話なのですが、ソ連時代のロシアにはポルノとかそういったものが一切《いっさい》ありませんでした。それで体制崩壊後からストリップ小屋ができていくのですが、刺激が次第にエスカレートしていき、同時に地下に潜って秘密クラブ化していく。そこでどういう見世物が行なわれるかといえば、最後には出産ショーなんてものにまで到達してしまう。まあ、それくらいまでならまだ理解できなくもないんですが、最終的には1万ドルを女に渡して、その女性のおっぱいをハサミでちょん切るみたいな感じになっていくんです。これだって最初のうちは針を通すという程度のものだったんですが、人間の欲望は尽きることを知りませんからね。

今はさすがにロシアも経済がよくなったので、たかだか1万ドルくらいではそんなことをさせないでしょうが、当時のロシアの平均的な公務員の月収が日本円で1500円くらいでしたので、大体700倍くらい。つまり、今の月収30万円というレートに置き換えれば2億1000万円くらいの価値のある額だったんです。

で、僕が言いたいのは、そうしたショーで客が本当に見たかったのはそうやっておっぱいをちょん切るシーンとか、血が流れるシーンとかではなくて、カネのためなら自分の身体を切り刻んでもいいという人間がいるということが見たかったんだと思うんです。

田中　なるほど。たしかに日本のバブル時代に通じる何かがあるね。

佐藤　自分が築き上げてきたカネの力があれば、大蔵官僚だろうが与党の政治家だろうが、どんな人間でも跪《ひざまず》かせることができる。そのこと自体が人間の欲望対象になっていった。バブルというのはそういう価値観が蔓延《まんえん》していた時代だったのだろうと予想するんです。

日本とロシア――暴力の値段

田中　そこで聞きたいんだけれど、あのバブル時代の頃にもし日本にいたとしたら、今の佐藤優とはまた違った人間になっていただろうか。

佐藤　それはきっと違ったでしょうね。もし僕があの時代に日本にいたら、それを観察しているだけではなくて、田中さんのように当事者としてどこかに身を置いたかもしれない。切った張ったの世界が目の前にあるなら、やっぱり飛び込んだほうが楽しいですからね。

でも、僕はその後、ロシアのバブルの様子を目の前で見て、カネがどれだけ恐ろしい力を持つのかも見ていますから。あの国の場合は、ソ連時代の国有財産がすべて私有化されていったわけで、その間に猛烈な争奪戦が起きた。結局はすばしっこくて頭のいい奴が全部さらっていったけれど、その間にたくさんの人間が殺されている。私の知り合いだけでも6人は死んでいますよ。

田中　やはり利権抗争で？

佐藤　基本は土地の奪い合いですね。でも面白いもので、だいたい日本円に換算して5億円くらいのヤマで、かならず死人が一人出ましたね。

田中　へぇ、たったの5億円で。

佐藤　まさに『反転』を読みながら感じたのは、日本はやっぱり暴力そのものの値段が高いなということですよ。日本では5億円程度のカネじゃ人間は死なないでしょ。でもロシアは相対的に暴力の値段が低いから、そのくらいの取引で平気で人が死んでいくんです。実際に「殺人請け負います」とか宣伝している奴があちこちにいたりするんだけれど、そういう連中は一番安くて3000ドル、30万円くらいで動くんです。絶対に足が付かない殺人に関しては500万円だとか、殺人の質によって値段も色々とランク分けされていましたが、日本よりずっと安い。

田中　日本のバブル時代でも、ドラム缶に死体を入れてコンクリートを詰めて東京湾に流すといった話は僕もよく耳にしたけれどね。

佐藤　ロシアでそういうのを見てきちゃったものだから、僕は田中さんが見てきたようなきらびやかな世界に憧れる一方で、どこかで怖いなという感覚もあるんです。「文藝春秋」（2007年11月号）にロシアマフィアについての原稿を書いたことがあるのですが、内容はマフィアに一度でも狙われたら絶対に逃げられないというもの。防御することが不可能なんです。だからマフィアとは折り合いをつけるしかない。バブル時代のマフィアというのは本当に怖いものでした。

田中　それだけの修羅場を目にしてきたらそれは人間図太くなるよね。いや、佐藤さんがなぜ特捜の取り調べであんなに堂々としていたのか理解できた。結局、人間としての経験値が図抜けているんだ。それがよく分かったよ。

佐藤　ロシアでそうした経験をしていることもあっても、カネというものを頭から否定したりはしないけれど、カネとはある一定の距離を作っておきたい、資本主義の論理に呑み込まれないようにしたいと考えているんです。

そこで具体的に今やっていることは3つあって、一つは〈フォーラム神保町《じんぼうちょう》〉という勉強会を運営すること。

これは魚住昭さんや、宮崎学《みやざきまなぶ》さんなんかと一緒に金を出し合って行なっているのですが、やればやるほどカネが出て行く仕組みになっているんです。今の段階でもう300万円以上つぎ込んでいるのかな。でも、これは僕にとってはとても重要なことで、そういう経済合理性に反する領域というものは絶対に確保していたいんです。

あとは小さなことですが、自分が勧めた本はかならず僕自身が買ってプレゼントするということと、もう一つは月に一本はかならず原稿料の発生しない原稿を書くことですね。

田中　原稿料の発生しない原稿というのは？

佐藤　商業誌でない雑誌ということですね。たとえば「月刊日本」という右翼の雑誌に「国体論」についての原稿を書いたり、「情況」という左翼の雑誌に「レーニン論」を出す。わざとカネにならないところを狙ってやっているんです。そうすることで自分の中のバランスを保とうとしているんですよ。

【フォーラム神保町】　ジャーナリスト・魚住昭、作家・宮崎学、佐藤優が発起人となり2006年10月に立ち上げられた、メディア勉強会のためのトポス（空間）。現役のメディア関係者を集め、表現や発表及び研究の場として、東京・神保町のビルの一角を公開、提供している。文化人、ジャーナリスト、学者らを講師に招き、スピーチや対談などを通じて研究、議論を交わしている。

厳しさの中の心遣い

佐藤　先ほどは宅見さんを含め裏社会の人間の魅力について語っていただきましたが、検察庁時代に出会った人の中で、最も印象的だった人物というと誰になりますか？

田中　検察庁で僕が唯一心から尊敬し、信頼できたのは元検事総長の土肥孝治《どいたかはる》さんだね。もちろん捜査能力にも優れた方だったけど、それ以上に部下の使い方や人との接し方なんか本当に素晴らしかった。いわゆる赤レンガ派ではなく、叩き上げとして検事総長にまでなられたんだから、それだけでも大したものだけど、僕のような乱暴で勝手なことばかりする連中をコントロールするのが抜群に上手《うま》かった。その代わり仕事に対する評価に関しては、ものすごく厳しかった。「土肥さんに睨《にら》まれるのはよそに飛ばされることを意味する」なんてよく言われていたよ。佐藤さんの場合は、そういう意味で「これは」と思った人というのは誰なの？

佐藤　僕が実際に見てきた中ですごいなと思ったのは小渕恵三《おぶちけいぞう》さんと、あと外国だとやっぱりエリツィンですかね。

小渕さんというのは「権力がどういったものか」ということをすごく明確に把握している人でした。だから野中広務《のなかひろむ》さんにせよ、鈴木宗男さんにせよ、またチンピラみたいな僕にせよ、徹底的にこき使ったんです。文字どおり擦《す》り切れるまでこき使われました。そういう凄《すご》みを持っている方でした。

田中　世間一般の目から見るのとまるで逆なんだね。

佐藤　怖い方でしたよ。そして人を使うのがとにかく上手い。重要なポイントで腑《ふ》に落ちないこと、分からないことがあればどんな時間でも電話してきて直接問い合わせる。いわゆるブッチフォンですね。それから人間をひじょうによく見ている。その人間に対する評価が本質を突いていて、間違えない。

田中　さっき僕が言った土肥さんというのがまさにそういう人だった。擦り切れるまで人のことをこき使うもんだから、部下の間では「土肥さんの『どい』は『しんどい』『ひどい』『あくどい』の『どい』だ」と言われるんだけれど、「こいつは頑張る」「仕事をする」と思ったら、とことんまで面倒を見てくれる。そういった点は小渕さんと通じるんじゃないかな。

佐藤　ノンキャリアだった僕が、特例的に前倒しでキャリア待遇の特別専門職に登用されたのは、小渕さんの意向が陰で働いていたからでした。ノンキャリアのままよりもキャリアにしたほうが、何かと仕事をさせやすいという現実的な判断もあったのでしょうが、もう一方で僕の仕事に対して、評価してやろうという気持ちもあったのだと思います。

小渕さんで印象的なのは、僕に対して何か仕事を与えると、いちいち「それを実行するための官房機密費はいくらかかるんだ」と尋ねてくること。それで僕が「2000万円はかかるでしょう」と答えると、「分かった。じゃあ諸経費を含めて4000万をつけよう。だが、そのうちの2000万は鈴木君に頼む」って言うんですね。
何のためにそんなことをするのかというと、それで鈴木さんにも当事者意識を植え付けるわけです。小渕さんから僕に直接カネが渡ったということになると、鈴木さんが蚊帳の外に置かれることになる。でもお金の調達に関われば、鈴木さんも一緒にやっている仕事だということですから、これは鈴木さんも傍観者ではいられない。小渕さんというのはそういう気遣い、配慮のできる人でした。

田中 あの風貌からはとてもじゃないけど想像できないね。

佐藤 でも土肥さんにしても外見からはすごく柔らかい印象を受けますよ。

田中 たしかに柔らかいよね。絶対に怒らないし、いつもニコニコ笑っている。でもやることは徹底的にえげつないし、評価だって誰よりも手厳しい。もうこいつは使えないとなったら容赦なく田舎に飛ばされるんだから。手を抜くことなんかできないよ。

小渕恵三が使った「御苦労」

佐藤 小渕さんもそうでしたね。今でもよく覚えているのですが、まだ小渕さんが外務大臣を務められていた頃、西村六善《にしむらむつよし》という当時の欧亜局長があるミスを犯したんです。
98年の1月のことです。当時、鈴木宗男さんが北海道・沖縄開発庁長官で、北方四島周辺の漁場における日本漁船の安全操業に関してロシア側と協定を結ぶ運びになっていたんですね。ところが、その協定を締結する最後のギリギリのところでチェルノムイルジン首相のサインが取れないという事態が起きた。1月末までにサインを取れなければ、2月にスケトウダラの出漁ができなくなる。そうなると困ることがある。

というのも、ちょうどこの年の4月にエリツィンが来日することになっていたわけです。そのとき、エリツィンに北方四島近海で獲れたスケトウダラを鍋か何かで振る舞って、「こうやっておいしい魚が食べられるのも、日露両国間で北方四島地域での銃撃のない、拿捕《だほ》もない安全な海を実現したおかげですね」という演出をしようと思っていたんです。

そのためにはチェルノムイルジンからサインをもらわなければならないわけで、それには鈴木宗男さんに直談判《じかだんぱん》してもらうのが一番いいから、そうしてもらおうという段取りができていました。ところが、こうした計画について、日本国内での根回しがきちんとできていなかったんです。土壇場《どたんば》のところでその話を聞きつけた島村宜伸《しまむらよしのぶ》農水大臣が出てきてしまった。

「漁業問題だったら、俺が農水大臣なんだから俺をモスクワに行かせろ」と言うわけです。

もちろん、それまでの下交渉もあったわけで、モスクワに行ったからといって簡単にサインなどできるわけありません。それは島村さんの能力の問題以前に、交渉に至るまでの経緯を全然分かっていない人では、ロシア側と丁々発止《ちょうちょうはっし》の交渉なんてできるわけがないんです。

それで最後は島村さんのところに鈴木さんが出向いて、頭を下げました。「これはちょっとむずかしい交渉ですし、今までの経緯もあるので、私のほうできちんと責任持ってやりますから」と。しかし、島村さんも「いや、魚の話なんだから俺が行く」とまったく譲ろうとしない。終《しま》いにはそれが政府内で大問題になっちゃった。

で、どうなったかというと「これはもうとんでもないから、二人とも行かせないようにしよう」という話になりました。こういった形で処理することになってしまったんです。僕のところにも橋本首相の秘書官だった江田憲司《えだけんじ》さん（現・衆議院議員）から電話があって、「佐藤さん、これはもうダメだよ。二人とも行かせない方向で総理の腹も決まっている」と言われました。

そうしたら、この一連の話が外相の小渕さんの耳に入ってしまった。小渕さんは鈴木さんを行かせてちゃんとまとめようという腹づもりでいたのに、いったいどういうことだと激怒して、外務省の幹部以下みんな呼びつけられました。柳井俊二《やないしゅんじ》外務事務次官に丹波實《たんばみのる》外務審議官、浦部和好《うらべかずよし》官房長、西村六善欧亜局長、そして東郷和彦《とうごうかずひこ》さんや僕も呼ばれた。

そこで小渕さんが怒鳴るんですね。「おい！　こら、西村っ！　お前はなぜ自分で農水大臣にきちんと説明しなかった。課長補佐レベルが話す内容じゃないだろ⁉」って、独特の上州弁《じょうしゅう》口調でね。そして最後には「ごくろぉっ、西村っ！　もういい！」と吐き捨てた。

小渕さんが使う「御苦労」というのは「クビ」を意味しているものなんですよ。普段、何かをしているときは「お疲れ、お疲れ」と言うんです。「ご苦労っ！」と口にするときの表情とあの上州弁は本当に怖いものでした。

田中　そういう小渕さんの判断は、佐藤さんから見たらどうなの？　やはり正しいわけ？

佐藤　小渕さんは基本的に判断を誤ったことないですね。

そのときの話を続ければ、そうやって怒鳴りつけられた西村六善さんはへたり込んでしまって、アルマジロみたいに丸まって動かなくなった。

田中　立派な大人が？　外務省でも偉い人なんだろう？

佐藤　そんな反応を示す人に、大きな交渉を任せられるわけはないですよね。だから、やはり小渕さんの判断は正しかったし、実際、それ以来小渕さんは西村さんを相手にしませんでした。

その後、総理になってから、しっかりと国民の心を摑めたというのは、やはり小渕さんが政治家として優れていたからだと思いますよ。下手なパフォーマンスで振り向かせるわけじゃなく、すべてにおいて国益の観点からどうするべきかと考えていた。だからあのジワジワと上がっていった支持率というのは、小渕さんの人柄をよく表わしていると思うんです。

田中　実際に景気もよくなっていったしね。もし今の日本の景気が上向いているんだとしたら、その下地を作ったのは間違いなく小渕さん。面白い人だったんだね。

型破りだったエリツィンの魅力

田中　佐藤さんが小渕さんと並んで名前を挙げた、エリツィンはどういう人だったの？

佐藤　僕はエリツィンと直接会ったのはせいぜい3回くらいしかないんですが、それでも圧倒的な存在感を感じさせる人でした。

彼はスターリンが大嫌いだった。とにかくスターリンはけしからんと思っていて、スターリン時代の負の遺産によって今のロシアはめちゃくちゃな状況になっているのだと心の底から信じていました。だからスターリン時代に拡張主義で周辺諸国から奪い取ったものはすべて返さなきゃいかんというのが基本的なスタンスでした。日本との関係性においても、北方領土があと一息で解決というところまでいったのはそういう下地があったからです。

それと同時に秘密警察のことも嫌っていました。国内反体制派を担当するKGBの旧第二総局というところに2回ほど暗殺されかけていて、そのときのことを絶対に許そうとしない。そこで実際に何をやったかというと、1カ月から1カ月半に一度といった割合でKGB第二総局の後身組織であるFSB（連邦保安庁）の機構改革と人事異動を行なうんです。組織を潰してしまえば、面倒なことが起きるというのでそれはしない。その代わりに秘密警察の連中に仕事をできなくさせることには手間を惜しみませんでした。だから今でもエリツィンは秘密警察からものすごく恨まれていますよ。

田中　たしか大酒飲みだったんだよね。

佐藤　そうです。ウオトカとバーボン・ウィスキー（特にジャック・ダニエル）が大好きでした。これはエリツィンの側近から聞いた話だけれど、ソ連の政府専用機はイリューシン86っていうんですが、その中で酔っぱらったあげくにテーブルの上に乗って、周囲にいた側近たちに小便を引っ掛けた。「大統領の小便は黄金水だ。ありがたく受けろ」とか言ってね。それで逃げ回ったやつらは解任したとかね。

田中　いやはや、とんでもない大統領だけれど、どこか憎めないね。それは。

佐藤　それから94年にエリツィン大統領がドイツを訪問するんですが、ベルリンの空港に着いてドイツ側が提供したリムジンに乗った。そうしたら、リムジンの中にミニバーが用意してあるのを見つけて、「小さな瓶ばかりだな、こんなのは全部成敗《せいばい》してやる」っていってものの15分ぐらいで端から端まで全部飲んじゃった。

そうしたら完全にできあがってしまった。で、到着してエリツィン大統領が出てくると歓迎するために楽団がいるわけです。で、そこに駆け寄って「指揮を俺にやらせろ」といって、ロシア民謡を散々《さんざん》演奏させた。

さすがに側近たちも「これはいくら何でもひどい」と思って、大統領報道官を中心とした7人の側近たちが連判状を書いて、大統領を諫《いさ》めるわけですよ。

そうしたら大統領が怒ってしまって、「言われなくても俺はもう十分反省してるんだ。報道官の分際で生意気だ」と、コスチコフというその報道官をヴォルガ川の川下りのボートから突き落とした。コスチコフが必死で船に上がってこようとすると、エリツィンがまた突き飛ばした。「大統領に対して逆らえば、こういうことになるんだ。よく見ておけ」ってね。

この話を僕はコスチコフ本人から聞きました。

田中　で、その人はクビになったの?

佐藤　2カ月後ぐらいに解任。

田中　まあ、途方もない人だね、エリツィンというのは。

佐藤　でもソ連のような独裁国家、巨大国家を壊すというのは、並たいていの人じゃ務まらないんですよ。

田中　今のプーチンさんはそれとは反対のタイプになるのかな。

佐藤　いや、プーチンもなかなかのものですよ。政治的には恐ろしいことをやるときもあるし、儲けた金はとにかく国民にばらまいてきたから、あれだけ圧倒的な権力基盤を築けた。ああいう人たちを見ていると、日本の政治家なんかやっぱり太刀《たち》打ちできないなって感じてしまいます。今の福田さんをプーチンと対峙《たいじ》させることを想像したらやっぱり心配になりますから。演説なんか聞いていても思想から哲学まで取り入れた凄まじい戦略を披露しますよ。

もっとも大国日本の総理が本気になれば、プーチンに負けることなどはありません。ただ、そのためには外務官僚が本気になって総理を支える必要がありますが。

田中　日本の政治家というのは往々にして内弁慶の人ばかりだからね。まずは国益に適《かな》う政策を打ち立てられる人。そして本当の意味でのカリスマ性を持った人。そういう人にぜひ日本のトップに立っていただきたいと願うね。

第6章

わが体験的勉強法を明かす

人はなぜ勉強するのか

田中　さっき日本とロシアの政治家の格の違いという話が出たけれども、僕はこれからの日本を考えたときに「この国はいったいどうなるんだろう」と思っちゃうね。さっき、佐藤さんが言っていた所得格差もそうなんだけれども、若い人たちの学力低下というか日本人全体の知力の低下――そういうことを考えると、この国の先行きが心配でならないんだよね。「ゆとり教育」は止めることになったらしいけれど、昔と比べたら絶対的な学力は落ちてきているだろうし。

　僕は本当に貧しいところで生まれ育ったせいか、そういう環境から抜け出していくためには、這《は》い上がっていくためには勉強するしかないと思っていた。それは検察庁に入ってからの仕事にも同じことが言えて、のし上がっていくためには仕事をするしかないと信じていた。僕にとっての勉強や仕事というのは、究極的に言えば自分が社会に認めてもらうために絶対に必要なものだと思うんだね。

　ところが、今の子どもたちの中には、自分の親に「どうして勉強しなければならないの?」なんてことを尋ねる子がいるというじゃない? 佐藤さんなんか人一倍勉強してきた方だと思うんだけど、その場合、どうして、何のために勉強してきたと答えるのかな。

佐藤　僕の場合はきわめて単純明快です。「面白いから」という理由ですね。知らないことを知っていく作業って純粋に楽しいじゃないですか。

田中　それはもう小さい頃からそうだった？

佐藤　もともと僕は数学が好きだったんですが、中学生から高校生くらいにかけて文学書や哲学書を読むようになっていきました。それですっかり文系のほうに興味を持っていっちゃったというわけです。

今の日本では教育問題があれこれ取りざたされてますが、僕の本音を言えば勉強することを面白いと感じられないのなら、無理して勉強なんかしなければいいと思うんです。大学は当然のことながら、高校だってどうしてみんな行かなければいけないのかというのが僕の持論なんです。イヤな想いをしてまで学校なんか行かなくても立派な人生は送れます。

田中　勉強というのは何も学校に行くことや本を読むことばかりじゃないからね。それ以外に自分が信じられる道、進みたい道があるんだとしたら、その道を極《きわ》めることに集中したほうが絶対にいい。僕はたまたま自分が選んだ道を進むためには勉強をしなくてはいけなかったわけだけれど、もし他に信じられる道があったとしたらそんなレールからは簡単に外れていただろうと思うよ。

実際、僕は自分の子どもに対しても、ああしろ、こうしろといった覚えが一切ない。勉強を無理強いすることもなければ、進路に対して意見を押しつけたこともないよ。要するに自分の生きたいように生きればいい。でもその生き方に対しては自分で責任持てよと。そういう教育しかしてこなかった。

論理力のためには数学の理解が不可欠

佐藤　ただ、一つだけ問題だと思うのは、今の人たちは本を読まなくなりましたね。

田中　それは僕たちの時代に比べたらね。

佐藤　でも、それは「本の読み方」を知らないからだと思うんです。実は本というのは、文字が読めれば読めるというものではなくて、順を追って読んでいかないといけないものですから。その点において、どういう順番で本を読んでいけば、最終的にむずかしい本に辿り着けるのかというのが分からないことがネックになっている気がするんです。本当はもっと本を読んでみたい、知識を身につけたいと思っている人は案外多いんじゃないかとも思う。

田中　その取っ掛かりが分からないということだね。

佐藤　あともう一つ、本を読む上で重要なのは、数学ですね。数学に弱いと理科系の本はもちろん、実は社会科学系や人文科学系の本も歴史書も読めないですから。

田中　たしかに僕自身、小学校時代にやっていたソロバンは、今の自分の土台になっている部分はあると思うんだけれど、その理由は？

佐藤　数学が分からないと、論理の構築ができないわけですね。文学などは論理とは関係ないように思われているけれど、文学の場合はあえて一度論理を崩したところから物語を構築しているような場合もある。このとき、まず定型としての論理を理解しているという前提がなければ、論理を崩すことの面白さも分からないわけですよ。だから文学というのはある意味、論理的なセンスがなければ何も始まらない世界なんですよ。その意味で数学が分かるというのは、論理構成が分かるということですからね。

田中　それは法律の世界でも同じだね。供述調書一つ取ってみても、論理構造がきちんと構築できていないといけない。「この論理に矛盾がある」と法廷で突っ込まれたらダメなわけだから。

佐藤　検察官の場合は「まずストーリーありき」で調書を作っていくわけだけれども、そのストーリーに穴ができないようにロジックでびしっと固めていく。だから、いったん調書を作られたら崩せなくなる。

田中　事実なんて、実際には混沌《こんとん》としてるもんじゃない？　本当のことは誰も分からない。でも、そこのところで強引でもいいから、ちゃんと筋道を付けて論理的に、矛盾がないように説明していかないと法律の世界では通用しないわけよ。だから、そういう意味では逆の面で論理力はカギになってくるわね。

【小学校時代にやっていたソロバン】　田中森一は子どものときから独学でソロバンを学び、中学時代には近所の子どもたちを集めて塾を開いたほどであった。また検事時代に、その計算能力を活かして、企業の不正経理事件などを追及したことも数知れない。

法曹の仕事とはドブ掃除である

佐藤　せっかくだから、この章ではお互いの経験を持ちよって、どういう勉強をすれば検事になれるのか、外交官になれるのかという話をしませんか？

つまり、田中さんの場合でいくと、司法試験に合格するためには、検事になるためにはどういった勉強をすればいいのか。あるいは僕の場合ですと、外交官になるためにはどんな準備をすればいいのか。

さらに言えば、そうやって検事や外交官になった後、どう振る舞えば我々のように組織から弾きだされずに、上手に出世のルートに乗れるのか（笑）。そういったことを読者に対してプレゼントするという趣向はどうでしょうね。

田中　それは面白い。

佐藤　この対談の中でもさんざん出てきた話ですが、現状を見るかぎり、なかなか検察や外務省という組織に対して、今は希望を描きにくい時代だと思うんですね。どちらの組織にも問題点は山のようにある。

　でも、その一方で外務省や検察はこれからも存在してもらわなくてはならない。たとえば三井物産がダメでも三菱商事があればどうにかなるし、朝日新聞がなくなっても読売新聞が残ればいい。だけど検察や外務省といった組織はどうしたって代えがきかないんですよ。

　となると、やっぱり日本という国を良くしていこうと考えるのなら、優秀な人材が検察や外務省に入ってくれることがきわめて重要なことです。

　だから、いかがでしょうか。我々のできる範囲で、そういった進路を希望する人たちへのアドバイスをするというのは。

田中　我々はエリートでもなく、いわば現場の叩き上げだからそれだけ実践的なアドバイスもできるかもしれないしね。

佐藤　そこでこれは個人的にも一番伺いたい部分なのですが、そもそも田中さんは法律家というのはどういう考えを持った人がなるべきだと考えられていますか？　それと検察官、特に特捜検事になるのはどういう考えを持った人がいいのか、どういった心構えをしていたらいいのか。その辺をまず教えてください。

田中　これは僕の信念なんだけれど、法曹の仕事というのは社会のドブ掃除をするようなものだと思っているの。世間では判事だ、検事だ、弁護士だと、ものすごく地位の高い人種のような扱い方をされているけれども、法曹の仕事というのは人の先頭に立って社会を引っ張ることなんかじゃない。社会の後からついていくことなんだよ。

佐藤　左翼的な言い方でいえば、社会の前衛ではなく、後衛であるというわけですね。

田中　で、そうやってみんなの後らからついていくと、前を歩いている人が道を汚していたり、思わぬところに穴が開いたりしているのに気がついたりするわけ。それを掃除したり、穴をふさいでいったりするのが法曹の仕事。世の中をリードしたり、社会を引っ張ったりするのは、他の人たちがやることであって、そうやって生まれた社会を少しだけ手直しして、もっとみんなが住みやすいところにするのが僕たちに与えられた唯一の役目なんだ。たとえば検察官が「俺が社会を変えてやる」とか思い上がったことを考えたらこれは大変なことになるわけだよ。

佐藤　では資質としては、たとえば「自己抑制が利いていること」とか、「自分を抑《おさ》える力がある」とか、そういったものになってくるのかな。

というのも、司法試験みたいなむずかしい試験を通ってくる人というのは、本来、競争は好きなはずだから目立ちたいと思う気持ちは普通の人よりも強いはずです。自分が前に出て目立ちたいと思う気持ちはあっても、それをグッと抑えることができる力が必要になってくると。

田中　それもあるし、僕は法律に携わる人間には、やっぱり思いやりとか同情心とか、少しでも社会を良くしたいと願う心とか、そういったものがないと厳しいと思うんだ。綺麗事のように思われるかもしれないけれど、僕はそういう「情」の部分が一番大切なものだと思っている。

法律の理屈なんかよりも前にもっと大切なことがある。それが分かってる人だけが、本来は法曹の仕事に就《つ》かなければならないと思うんだ。

ところが今の時代、そういう人間の「情」を持った人よりも受験のテクニックが上手い人間ばかりが司法試験に通って、検事や弁護士になってるような気がする。子どもの頃に泥遊びをしたり、取っ組み合いの喧嘩をしたりといったことを経験してきたような人間は少なくて、子どもの頃からお受験してたような子どものほうが有利な社会になってる。

伸びる人材、伸びない人材の見分け方

佐藤　それは外交官も一緒ですね。外務省にいた頃、僕は6年くらい部下の教育係をやっていたのですが、そこで気付いたことがあったんです。というのは、バブルのあたりから国家公務員試験のための予備校がたくさんできるようになった。つまり、どうやったら試験に通るかというテクニカルな部分に長《た》けた人ばかり入ってくるようになってきた。

田中　司法試験もしかりだね。

佐藤　でもね、この予備校組の連中というのは、入ってからほとんど伸びないんですよ。結局、外務省試験、公務員試験に通過するための技術をマスターしたから合格しただけのことであって、外務省で活躍できるだけの実力があるから入ったわけではないんですね。だから、入省し

たのはいいけれど、そこから先がついてこれない。ハッキリいってかわいそうだとすら思いました。

では入ってから伸びるのはどういった人材かというと、これには二通りあります。

一つは東京大学の教養学部の教養学科、その中の国際関係論を出ている連中。前にも話しましたが、教養学部の国際関係論は学内での進学がむずかしいことで有名です。語学に関心がある人も多い。ここを出た連中は東大法学部卒よりもずっと力がある。もう一つ付け足すなら、大学3年の頃からがっついて受験勉強して入ってきた人よりも、4年生になって勉強を始めて一回の試験でサラッと合格する奴のほうが余力がある分、伸びるケースが多いように感じます。

それからあと伸びるのは、私大の外国語学部や外国語大学なんかを出ている連中ですね。彼らは語学力という基礎がすでにしっかりできていますし、外務省に入った動機にしても「なんとなく安定しているし、給料も良さそうだから」というくらいのものなんですね。つまり、ガツガツ受験対策をしないで外務省の専門職試験を通過してきている。こういう連中も伸びます。

いわゆる受験勉強で消耗していないので余力十分だし、特に予備知識もなく外務省に入ってくる分、今度はまっさらなところで勉強を始められるからすごく伸びるんですよ。

田中　逆に伸びないケースというのは？

佐藤　一番ダメなのが、大学は早稲田とか慶応とか、難関大学ではあるのだけれども、入るまでに2年くらい浪人していて、それでまた公務員試験を何度も受けてようやく合格したというパターンですね。あるいは地方の国立大学を卒業して、そして頑張って東京の有名大学の大学院にまで行ってから入省したというようなパターン。

田中　世間的に見れば、努力家、頑張り屋ということなんやけれどね。まあ、僕も一浪はしたけれどな。

最後にモノを言うのは「運」である

佐藤　田中さんの場合は、在学中に司法試験に合格しているじゃありませんか。

で、こういういわゆる苦労人型の人材というのは役所にはたくさんいるのですが、これが意外とダメなんですよね。苦節5年、一生懸命に勉強してきて、年齢制限ギリギリで外務省に入ってくる。彼らが努力家であることは間違いないけれども、そこから伸びないんです。

田中　その理由は何だろうね。

佐藤　僕が思うに、そういう人たちというのは「今、外務省にいるのは、すべて自分自身が努力してきたことの結果だ」と思い込むからなのではないかと。まあ、それは事実ではあるんだけれど、でも、そういう連中は次にこう考える。つまり、試験に落ちた人間とか、あるいは職種が違う人間に対して「奴らは努力が足りていないんだ」と見るようになる。

田中　他人を軽蔑するわけだ。それじゃあ、実社会ではうまくいくわけはないわな。そりゃ人間は努力も大事だけれども、もう一方に運も関係するわけでね。「自分がここにいられるのは運がよかったから、周りの人たちが引き立ててくれたおかげだ」という謙虚な心を忘れたら、何をやってもうまくいかんよ。誰も付き合ってくれないし。

佐藤　検察は「調書を取れてなんぼ」という世界だと思うのですが、それと同じように外務省は「人脈を作れてなんぼ」という世界です。いくら「俺はロシア情勢をよく知っている」と言ったところで、クレムリンに出入りできなきゃお話にならない。

またそれ以前の問題として、語学ができないというのは致命的ですね。語学は努力も必要だけれども、やはりセンスってあるんですよ。ハッキリ言えば、語学的センスがない人は外務省に来ないほうがいい。本人もかわいそうだし、周りにも迷惑かける。

たしかに外交官は入省すると一から外国語を叩き込まれる。僕はイギリスの軍隊の学校でロシア語を勉強したんですが、一日に25個単語覚えないといけない。それでフレーズを7つ覚えて、週に一度はミニテスト。ここで90点以下を3回取ったら退学になります。そうやって1年間でだいたい東京外大ロシア語科の大学院の1年生ぐらいまでの分量を詰め込んでいくのですが、まずこういう授業に耐えられるだけの基本的な語学力がないと絶対に無理。

でも、僕の見てきたかぎり、それに耐えられるだけの資質があるのは、外交官試験に受かった中でも2割程度しかいません。これは日本の外交上の大きな問題点だと思うんです。

田中 外交官というと語学がベラベラという印象があるけれど、違うんだね。

佐藤 さっき、田中さんも「運」の話をなさっていましたが、外交官として成功する上で「運」と「実力」の比率はどれくらいかと聞かれれば、僕も「運」が9割、「実力」が1割くらいだと思います。

端的なことを言えば、もし僕が生まれるのが10年早かったとしたら、つまりソ連の体制がまだしっかりしていた時代に外務省に入っていれば、モスクワに赴任してもソ連人と付き合うことができなかったわけで、活躍の余地は一切なかったはずなんです。では、逆に今、外務省に入省して、今のロシアに入っていったとしても、やはり通用しないまま終わっていたでしょう。

田中 それはどういうこと?

佐藤 以前と違って今のロシア人は金持ちになってしまいましたから、僕がモスクワにいた頃と同じように飲ませる、食わせる、握らせるといった人脈作りをしようと思ったら、今なら年間、優に2~3億円はかかってしまうでしょう。また、かりにそれだけのカネを付けられたとしても、今はロシア国内の治安体制も厳しくなっていますので、下手すればパクられてしまう危険性も出てきます。

だから、おっしゃるとおり、「運」というものはひじょうに大事な要素なんです。上司で成功している人たちを見ていても、実力がある人でも、どんな時代に生まれて、どんな政治家とめぐり会うことができるのか、それでほとんど人生が決まってしまいますから。だから、結局どんなに努力をしたところでその努力の先はあまりないんだということをしっかりと認識した上で外交官試験を受けていただきたいと思うわけです。

田中　いや、それは外交官だけに限った話じゃないと思うね。努力は大事だけれど、努力には限界もある——これは人生の真理だと思うよ。

反骨という名の「ゴマすり術」

佐藤　検察庁の場合はいかがですか。やっぱりもう少し実力世界なのでしょうか。

田中　組織内での出世が成功の尺度だと考えるとするなら、検察の場合は「運」と「実力」の他に、もう一つ重要な要素があると思う。言葉は悪いけれど、それは「ゴマすり」とかそういったもの。

組織の上に行こうと思ったら、やはり検察の組織や体制を維持していくためにも、上司の言うことを聞かなければならない。仕事だけ、実力だけで評価されようと思ってもなかなかうまくいかないよ。

それは特捜の世界を見ればよく分かる。戦後の特捜検察を作り上げてきたのは間違いなく東の河井信太郎《かわいのぶたろう》さんと西の別所汪太郎《べっしょおうたろう》さんの二人。戦後日本の特捜事件というのはほとんどこの人たちがやってきたんだから。

ところが、この二人は特捜部長まではやったけども、東京地検の検事正にも大阪地検の検事正にもなれなかった。

結局、あの人たちは「たとえ国滅《ほろ》ぶとも正義を追求すべし」といった理想主義的な考えの持ち主だったから、組織の論理というものを理解するタイプではなかったんだ。法務省からどれだけ偉い人が来たとしても、まったく言うことを聞かなかったというからね。

そういう人はやはり本当の出世はできない。上司の言うことを聞かない人というのは、若い頃は「骨がある」とかいって上司から重宝されることもあるけれども、それだけじゃ、管理者には絶対になれないようにできている。

佐藤　逆に言えば、上司からかわいがられたいと思ったら、ちょっとだけ叛旗《はんき》を翻《ひるがえ》すのがいいということでもある。そうした「ズルさ」を持った人間って意外と上司に意見したりするんだけれど、本当に重要な局面では絶対にぶつかることを言わない。つまり「パフォーマンス」として上に楯突《たてつ》いているだけなんです。

でも、あからさまにゴマをするよりも、そうしたパフォーマンスが上手いタイプが組織の中で出世したりするんですね。だから、出世したいと思うのであれば、そういうズルさを身につけるのはけっして悪いことじゃないと思うな。

わが新人教育法

田中　まあ、パフォーマンスの部分はあるのかもしれないけれど、実際にある程度の反骨精神を見せてくれないと上司としては頼りないと感じるのも事実だよ。

佐藤　「こいつはちゃんと物事を認識する力があるのかな」と思いますよね。ちなみに田中さんは部下の教育なんか結構やりましたか？

田中　検察というのは特に教育するという形をとってなくて、勝手にこっちのやり方を見ておけという感じなんだ。そういう意味では徒弟《とてい》制度、丁稚奉公《でっちぼうこう》の世界に近い。研修みたいなものも一応はあるけど、そんなものは形だけで、入ったときからもう一人前扱いだからね。調書作り一つをとっても、誰も具体的な作り方なんて教えてくれない。だから自分自身で必死に勉強する以外に方法はないわけで、それができない人間は必然苦しむようになる。

しかも検事の場合は、どんなに長くても勾留期間いっぱいの20日間で勝負を決めないとならないわけ。これが意外と大変で、そのプレッシャーに押し潰される新人は多いよ。

佐藤　実際は20日もないですよね。「こういう罪状で起訴します」とあらかじめ上司に報告しないとダメだろうから、18日か、遅くても19日目には決断しなきゃならないわけですね。

田中　気の小さい連中だと、10日目を過ぎた頃で逃げ出しちゃう。プレッシャーに押し潰されちゃってね。バトンタッチされるこっちとしては迷惑な話だよ。だから検事になるための資質としては、「決断力」と「判断力」というのも必要なものだと言えるだろう。

佐藤　僕は若い連中に対して叩き込んだのは、とにかく技術的な間違いは絶対にするなということでした。注意力不足でのミスはけっして許さない。

たとえば、資料を何部もコピーさせたときに、その中の1ページだけが落丁していたというミスがあったとしたら、僕は激怒するわけですよ。もちろんパフォーマンスではあるのだけれども、テーブルは引っくり返す、モノは投げる（笑）。

でも、その代わりにたとえばロシア語力が未熟だとか、ロシア情勢についての知識不足によるミスについては絶対に叱らないし、むしろ、優しく丁寧に教える。若ければ知らなくても当然なんだし、新人に能力を求めてもしょうがないわけですからね。だから、そういうことについては僕が全部カバーするくらいのつもりでいました。

結局、なぜコピーごときで怒鳴るかというと、そういう、いわば仕事の「入口」のところで、きちんと丁寧に物事を処理していく習慣を付けておかないと使い物にならないんですよ。

仕事として与えられた以上、コピー機の調子が悪かったなどという言い訳は何の理由にもならない。たとえば落丁のある資料が外務大臣、あるいは内閣総理大臣のところに行ってしまったら、それだけのことで局長の首が飛ぶことにつながるかもしれない。そういう初歩の初歩でミスをするのは絶対に許さない。だから、怒鳴ってでもそういうところは教えるわけです。

田中　まずはルーティンワークをきちんとこなした上で、仕事を覚えろというわけだ。

佐藤　そうです。それと僕は組織というのは基本的には能力主義を採用すべきだと考えていたので、思いきりえこひいきしましたね。成績の良い連中には表面上は厳しく接するけれども、課題をたくさん与えて、仕事をどんどん経験させた。一方、成績はあまり良くないけども一生懸命やっているという連中に対してはよく飲みに連れていったり、生活の悩みを聞いたりとかして目を掛けていました。

逮捕されてから外務省の内部から私に関するマイナスの情報が色々と出てきましたが、身内からはあまり出てこなかったところを見ると、ああいう接し方で間違っていなかったんだなと思いましたね。

部下とは一蓮托生である

田中　佐藤さんの話を聞いていて思い出したんだけど、僕は若い検事を使って大きな事件をやるときは、自分の立会《たちあい》事務官を殴られ役にしていたよ。要するに若い検事を僕のようなベテランが説教したり怒鳴ったりしたら、萎縮するじゃない。

かといって、緊張感を持たせておかないと仕事でどんなミスをするか分からない。だから、みんなが揃っている前で自分の事務官を30センチ定規で、ビシッと殴るわけ。

もちろん、殴られ役の事務官に対しては因果《いんが》を含めて「こういう理由だからこらえてくれ」と言うし、常に自分の事務官にはオール5の勤務評価をしてきた。立会事務官というのは、検察官と一心同体、身内みたいなものだからね。

だからよく上司の土肥孝治さんから叱られたよ。勤評が良いと内規で特別昇給させなきゃいけなくなるわけだから、「お前みたいにいい点ばかり付けるやつがいたら、他の人間に示しがつかん」「いや、これは私のちゃんとした評価です。だったら私に評価させるのをやめてください。私が評価すればこうなります」と、そんな押し問答を延々と続けていた（笑）。

佐藤　僕は入省してから逮捕されるまでの17年間に7回くらい特別昇給しているんです。これって少なくとも外務省では異常に多い数字ですよ。それと13年目くらいに通常より1年早くキャリアに登用された。これだって本当は外務省の内規からすれば異例なんでしょうが、上司が仕事ぶりをよく見てくれていたということなんだと思います。

田中　いい上司に恵まれた。運がよかったということだろうな。

佐藤　部下との付き合いということでいえば、僕は基本的に省内では目立たないようにしていました。インテリジェンスを扱う、いわば裏の部局にいたからという理由もありますが、一緒に食事をしたことのある人なんて、部内の送迎会なんかを除けば、20人もいないでしょうね。

田中　そもそも佐藤さんは群れるタイプじゃないしね。

佐藤　しかし、モスクワに赴任したときには最前線ですから、部下とは一蓮《いちれん》托生《たくしょう》のつもりで付き合いましたよ。相手は秘密警察ですからね。部下に対しては「お前たちに何かがあったら、俺も命を投げ出すからな」という話をよくしたものです。

そうすると嬉しいことに、異性関係でトラブルが起きたりしたときなど、部下が素直に相談に来てくれた。そういうときには僕は「遊びのレベルでトラブルが起きるのは全然かまわない」というの。そういうトラブルは基本的にカネで処理できることであって、しかも外務省にはいっぱいカネがあるんだ。だから心配するな（笑）。

ただ、たまに現地の女性と本気の恋愛になってしまうケースがあるんです。そういうときはカネでは解決できないから、大変苦労した。またそういうときに限って、いい女を掴まえてくるものなんですよ（苦笑）。たとえば国際的な賞を取っている芸術家とか、優れた学者であるとかね。しかも、実際に会ってみるとすごく性格も良かったりするんです。

でも、僕は立場上、そうした恋愛関係を認めるわけにはいかない。「どうしても付き合いたいというんだったら外務省を辞めてもらうしかない」と言うわけですね。そして陰険な介入をして別れさせた。

田中　まさに「生木《なまき》を裂《さ》く」だね。

佐藤　きっと今でも恨まれているんじゃないのかな。だからああいった教育係をしなくていい、今の境遇というのはすごく嬉しいんですよね。

【立会事務官】　検察官と二人三脚で事件の捜査に当たる事務官。事件の内容を調査して捜査の進展を洞察し、かつ、事件関係者の置かれている立場や心境等についても的確に把握し、検察官の良き片腕としてその能力を発揮する。

田中森一流「司法試験合格術」

佐藤　話がだいぶ脱線してしまいましたが、田中さんは司法試験ではどんな勉強法をとっていましたか？

田中　僕の勉強法は普通の人とちょっと違うからあまり参考にならないと思うよ。そもそも僕は大学すらほとんど行かず、基本的に独学だったからね。とにかく基本書を読み込んで、応用問題をひたすら解く。今は前にも話が出たように専門予備校まであるらしいけれど、僕の場合は、大学内にあった司法試験のサークルみたいのに月に2、3回出ているだけで、あとはずっと一人で勉強してた。

佐藤　一日に何時間くらい勉強しましたか？

田中　僕は14～15時間くらいはやっていたと思う。それを一年間、みっちり続けた。唯一のストレス解消はヤクザ映画だった。当時、岡山の場末《ばすえ》の映画館で150円で映画が3本観られたのよ。ヤクザと寅さんと勝新（勝新太郎）の3本立て。でも、ストレス解消のために観ていたはずなのに、3時間も観ているとすごく焦《あせ》りが出てくるんだ。そして「ああ、しまった。また時間を無駄にしてしまった」と後悔する（笑）。一年間、ひたすらその繰り返しで、ずっと自宅に籠《こ》もりっきりだったな。

佐藤　どんなテキストを使って勉強したんですか？

田中　一般的に司法試験のテキストというと、岩波書店や有斐閣から出ていた、清宮四郎《きよみやしろう》先生とか宮沢俊義《みやざわとしよし》先生の基本書がメイン。といっても、民法だけでも総則、物権、担保物権、債権総則、債権各論、親族、相続民法と10冊近くあって、それに憲法、刑法、商法なんかを加えると優に20冊くらいになるのね。しかも、1冊がそれぞれ３００～４００ページとにかく分厚い。一般的には司法試験に受かるためには、そういった基本書を10回繰り返して読まなければならないと言われていたんだ。もちろん、その一方で問題集もやらなければいけない。試験は短答式と論文式の2種類があるから、そのための勉強もやる必要がある。

そこで計算してみたら、本気で1年で合格しようと思ったら、もうぜんぜん時間がないと分かった。とうてい基本書なんか10回は読めない。そこで計算して10回は無理でも最低4回は通読しようと思った。これなら一日50ページだから何とかなる。一日に基本書を読むので10時間を使って、残りの時間で問題集なんかをやるわけだ。

佐藤　最終的に一年間で4回読めましたか？

田中　うん、きっちり読んで、なんとかギリギリで合格できた。でも世の中にはやはり頭の良い連中はいるもので、東大から来るような奴は1、2回読んだだけでしっかり覚えてしまうというんだから恐れ入るよ。

佐藤　彼らは大量にものを覚えるという技術を、中学受験や高校受験、場合によっては小学校受験といった早い段階から訓練しているからできるだけのことですけどね。外務省にいた東大出身の外交官で「この人は本当に優秀だな」と僕が感じたのは、事務次官をやった川島裕《かわしまゆたか》さんくらいのものでしたよ。

田中　うん、東大卒の優秀さというのは事務処理能力とかそういった部分での話だね。取り調べとかは別の話だよ。

佐藤　試験勉強の話に戻りますが、その期間中、食事はどうされていましたか?

田中　僕はその辺にあるものばかり食べていた。自分で作ることもあったけど、カレー缶みたいなやつとかは重宝したな。あと大学の食堂はやっぱり安かったから、食べられるときはなるべくそこで食べるようにしていたよ。

それで思い出したんだけれど、食事をとった後は、僕は決まって30分くらいかけて散歩した。そのときに、その日覚えたこと、本で読んだことを誰かに教えるようにしゃべりながら歩く。これが記憶を定着させるには一番いい方法だったな。まあ、他の人から見たら気がふれたと思われただろうけれどね。

佐藤　じゃあ、友達と飲みに行くことなんかはない?

田中　友達と飲み歩いていたのは大学2年までの話だね。それまでは空手部にも入ってたし、人並みにバイトもしていた。でも、司法試験を受けることにしてからは、まったく行かなかった。

佐藤　一年間ずっと？

田中　それこそ浮き世との縁を全部切ったようなもんだね。

「モーニング」を知らなかった田中青年

田中　それについては笑い話があるんだ。司法試験で短答式試験（択一式試験）と論文式試験を通過すると、最後に口述試験というのがある。そこでこんなことを質問されたんだ。「ある人が洋服屋さんにモーニングを注文した。ところがいざモーニングが必要なときに仕上がりが間に合わなかったために、その人は契約を解除した。この解約は権利濫用にあたるか、それとも解約は当然のものか」

この質問を聞いても、僕はまったくその意味が分からないわけ。というのも、問題に出てくる「モーニング」というのが何なのかまるで見当もつかなかったの（笑）。

佐藤　朝のことじゃないだろうし、喫茶店のモーニングセットでもなさそうだし（笑）。

田中　しょうがないから面接官の先生に「いやぁ、申し訳ないですけどそもそもモーニングって何ですか」って正直に質問してみたんだ。そうしたら大笑いされたよ。それくらい僕には一般常識というものが足りていなかった。

それで、面接の話が出たからついでに言うと、僕の頃の口述試験には選択科目というのがあって、法律分野と教養分野から各1科目を選択することになっていた。それで僕はまったく勉強なんてしたことなかったのに刑事政策と心理学を採ったんだ。一週間くらいかけて相良守次《さがらもりじ》先生が書いた心理学の基本書を何冊か読んで、刑事政策のほうも死刑廃止論者である正木亮《まさきあきら》先生の本を付け焼き刃的に読んでね。

それでいざ刑事政策の面接を受けたら、試験官がまさにその正木先生だった。で、こう聞かれたんだ。

「君が刑務所の看守だったとしよう。それで上司から受刑者の死刑が確定しているとの報告を受けて、その執行を行なうように命じられたとする。さあ、君はどうする？」

僕は正直に言えば死刑に対して確固たる考えを持っていなかったんだけど、相手は正木先生だから「いや、私はしません」と答えた。すると正木先生は「しませんと言ったって君、しなかったら看守を辞めないとならないよ。どうするんだ。上司の命令は絶対だよ。それでも君は本当に断わるのか？」と尋ねてくる。

こうなったら僕も反対論をどこまでも押し通すしかないから、「絶対にしません。私は死刑廃止という立場ですから。それでダメなら私は辞めます。その上で戦います」と調子のいいことばかり言ったんだ。でも、そうしたら先生、すごく嬉しそうな顔を見せたんだ。ひょっとして、僕が司法試験を合格できたのは正木先生のおかげかもしれないね（笑）。

佐藤　いや、でもそれはひじょうに重要なことですよね。相手が何を考えているか、何を求めているか、それを正確に察知して、望みどおりのものを提示するというのは交渉術の基本ですよ。

【正木亮】　1892年〜1971年。検事、弁護士、刑事政策学者。東京帝大卒業後、検察官として監獄行政を担当する。志願囚となり、実際に監獄生活も体験した。司法省行刑局長、刑政局長、控訴院検事長を歴任。戦後は弁護士となり、矯正保護の分野で尽力した。死刑廃止論者としても有名。

佐藤流「外交官試験合格術」

佐藤　僕は同志社大学の大学院時代に外交官試験（外務省専門職員採用試験）を受けたわけですが、田中さんとは逆に一日3時間以上試験勉強はしないと決めていたんです。というのも、大学院での研究があるから、それ以上の時間を割くことがむずかしかった。

僕の専攻していた神学というのは哲学の用語や概念を借りている部分が多いので、ある時代の神学を理解しようとすれば、同じ時代の哲学が分からないといけない。だから膨大な量の関連書を読まなければならなかった。それと、たとえばドイツ語や英語で書かれた戦前までの神学書を読むとギリシャ語やラテン語の引用がよく出てくるんですが、そういったものにまったく翻訳が付いてないんです。つまり、そういう本の読者はギリシャ語もラテン語も読めるということが暗黙の前提になっているので、そういった言語についての勉強も深めなければなりません。そうなると、神学部の図書館に一日十数時間籠もっていても時間が足りない。さらに、それと並行して修士論文なども書いているわけだから、外交官試験の対策なんて優先順位は限りなく低いわけです。

実際、僕が外交官試験を受けようと考えたのも、前にも言ったように外交官として東欧に赴任することができれば、チェコ神学の研究が国費でできる程度の感覚でしたからね。だから、試験に落ちたら落ちたでそのときはドイツかスイスにでも留学すればいいと思っていたくらいで、だから、一日3時間くらいの勉強時間が妥当なレベルだと思っていたわけです。

ただ、これは後になって気付いたことなんですが、僕の知識の吸収能力というのはちょうど3時間を超えたところから逓減《ていげん》してくるんですね。だから結果的には、ちょうどいい時間設定をしていたのかもしれない。

僕が受けた外務省専門職員採用試験というのは、まず第一次試験で一般教養、外国語、憲法、国際法、経済、時事論文のペーパーテストがあります。

一般教養については、これは大学の入試レベルの問題と、知能テストみたいな内容だと分かったので、そのための準備は特にしませんでした。しいて言えば、問題集を買ってきて同じ物を3回繰り返して解いたくらいですね。同様に外国語も特に勉強する必要はなかった。問題はその他の学科ですが、憲法については学陽書房《がくよう》から出ている佐藤功《さとういさお》さんの『日本国憲法概説』という基本書を読み込んだ。僕はこの本の人権のところがよく理解できなかったので、そこの部分だけ京都大学の佐藤幸治《さとうこうじ》さんの本を読んで補強しておきました。

憲法に限らず、この試験勉強をするときに僕が自分に言い聞かせていたのは「やることを広げすぎないように」ということでした。というのは外交官試験の場合、そんなに深い知識を要請されることがないのです。実際、試験で失敗している人たちを見ていると、司法試験用の参考書などを使用していたりして細かい論点を押さえすぎているんですね。

田中　司法試験と同じ勉強をしていたら、時間がいくらあっても足りないよね。

佐藤　最初の頃は参考書を読んでサブノートを作っていたのですが、これも途中から止めて直接鉛筆などで線を引いて、そのまま覚えるやり方に変えました。これはいい時間の節約になりましたよ。

ただ、国際法に関しては、さすがにこれは外交官試験ですから内容もむずかしい。そこで京都大学の田畑茂二郎《たばたしげじろう》さんが書いた基本書をベースにして、東大の高野雄一《たかのゆういち》さんの本も参照しました。国際法というのは東大系と京大系で用語系統が違ったりするので、その点はひじょうに面倒くさかったのを覚えています。あとは有信堂高文社というところから出ている『ハンドブック国際法』、東信堂の『ベーシック条約集』、この2冊は論点がすべて出尽くされていたので大変重宝しましたね。

で、僕の最大の弱点であったのが経済学で……。

田中　佐藤さんは経済に強そうな印象があるのに意外だね。

佐藤　マルクスの『資本論』なんかは大学浪人中から読んでいましたが、近代経済学はとんと読んでいませんからね。

ミクロ経済学に関しては、新開陽一《しんかいよういち》さんが『近代経済学』という本を有斐閣から出していたのでこれを読んで理解できたのですが、困ったのがマクロ経済学です。一般的にはマクロのほうが数学を使わない分、ずっと理解が簡単だと言われているのですが、僕はどうもコンセプトを捉えきれなくてなかなか苦しい想いをさせられました。

ところが、ちょうどその時期に中谷巌《なかたにいわお》さんの『入門マクロ経済学』（日本評論社）という本が出た。これでようやく僕はマクロ経済学の理論が頭に入ってくるようになった。経済学は試験には2問しか出ないのに、配点は50点ずつという高いものでしたから、苦手といって投げ出すことはできなかった。

だから僕にとっては経済学は最後まで不安のタネだった。それで、経済学で分からない点があったら、テキストに書かれている内容をテープに吹き込んだんですよ。

田中　それは自分で？

佐藤　これは田中さんでいうところの復唱しながら散歩するやり方に近いものだと思います。自分で吹き込んだテープを3回聞くことにした。目で追っているだけだとどうしても読み飛ばしてしまう部分が出てきますが、耳で聞くことによって理解が深まるんですよ。

記憶力のカギは「映像」と「動機」

田中　それにしても、佐藤さんの本を読んで感心するのは、その恐るべき記憶力だね。どうやって記憶力は鍛えているの？　それとも生まれつきのもの？

佐藤　実は先日別の対談で女優の南野陽子《みなみのようこ》さんとお会いしたのですが、南野さんという方は『細雪《ささめゆき》』をはじめ、ずっと舞台や映画に出続けられているわけで、以来一貫して長いセリフをすべて覚えているわけですよね。そこで僕は「どうやって台本を覚えるんですか？」と聞いてみたんです。

　すると彼女は「音で入ってくる記憶にはどうしたって限界があるけど、映像だとすんなりと頭に入ってくる。だから、まず一度文字を映像に置き換えて、それから覚えるようにする」とおっしゃられました。

　加えて、記憶する上で何よりも大切なのは「必要に迫られることだ」とも言われたんですよね。これを覚えなければ仕事をやっていけないという状況があればイヤでも覚えるものだと。

文字を映像化して覚えるというのはまさに僕の記憶術に通ずるものでしたし、女優や俳優という仕事に限らず、我々だって必要に迫られたら覚えられないなどと言っていられないわけで、必要に迫られるという話にも深く納得させられました。

田中 たしかに僕も司法試験を受けたときには「自分にはこの道しかない。後がないんだ」と、そればかり考えていた。父親に「25歳までにモノにならなかったら、故郷の平戸《ひらど》に帰って漁師を継《つ》ぐ」という約束をしていたからね。

いわば土俵際まで追い込まれていたから、本来は無味乾燥なはずの法律用語をどんどん吸収していったんだから。「まだ後がある」と思っているような連中は結局ダメなんだろうと思うよ。

外務省の人材育成法

田中 話を戻せば、佐藤さんの外交官試験の場合、筆記の後は当然、面接試験があるんだよね。どういうことを聞かれるわけ?

佐藤 面接には外国語での口述試験と一般面接があるんですが、外国語のほうはけっこう細かいことを聞いてくるんです。今でも悔《くや》しいんだけれど、「hinge on《ヒンジ オン》」というのはどういう意味かと聞かれたな。hingeっていうのは蝶番《ちょうつがい》ということで、hinge onになると「かかる」とか「依存する」という意味になるんだけれど、そのときの僕は答えられなかった。これだけは今でもチクショーと思います。

普通の面接のほうは色々と面白い質問が多かった気がします。「人から相談を受けることは多いですか」とか、「最近読んだ本を3冊挙げてください」とか。そういった質問から人間性を見抜いているんでしょう。読んだ本の内容によってその人の思想傾向を知るのはもちろんのこと、本当は読んでいない本を読んだと嘘を吐《つ》く傾向があるかとかね。そういったものをさり気なくチェックしているようでした。

田中 佐藤さんはその3冊に何を挙げたんですか？

佐藤 僕はまず神学書を挙げたと思います。たしか『民衆宗教の時代』（ハーヴィー・コックス。新教出版社）とミラン・クンデラの『冗談』、あとは『孫子《そんし》』か何か。僕は本の話にはほとんど触れられませんでしたが、そういったところで教科書とか基本書とか参考書を挙げるようだと結構いじめられるみたいですよ。

田中 それは司法試験とも通じる部分だろうね。

佐藤 あとで分かったけれど、外務省の専門職員試験はあまり一次のペーパー試験を重視していなくて、面接のほうにかなり力を入れているんです。というよりも、やっぱり試験の面だと女子のほうが優秀なので、筆記だけで勝負させてしまうと8割方が女の子で埋まってしまうというんです。

でも、そこで男子が有利かといえば、こいつは体力がありそうかだとか、根気がありそうかだとか、あとは情緒が安定しているかなんてことまで含めて、かなり細かい部分まで面接でチェックされています。僕らの時代にはそれに加えて家庭訪問なんてものまでありましたね。

今は家庭訪問は人権上の問題だということでやめちゃったんですが、僕はするべきだと思っています。どういう家庭で生まれて、どういう育ち方をして、どういう感覚の持ち主なのかとすべて調べる。当時の外務省はそれくらい試験に情熱をかけていたんだと思います。それは人材がすべてだという発想の裏返しだったと思うんですよ。

あと入省してから驚かされたのは、研修制度がすごくしっかり確立しているということでした。たとえば、情報提供者と食事をするときにテーブルマナーなんかで無用なコンプレックスを持たないようにと、フレンチのフルコースを食べる練習をしたりするんです。

それも外務省の研修施設に泊まりこんだりしてね。外務省には当然色々な家庭で育った人材が入ってくるわけで、3代続いた外交官の子もいれば、当然僕のように叩き上げで来る人間もいる。イギリス式のグラスの置き方とフランス式のグラスの置き方の違いなどというのは、今でも結構役に立っていたりするんですよ。

田中　そんな話を聞いていると、ろくに研修すらしない検察官がみじめたらしく思えてくるよ（笑）。でも、特に外務省は相手が外国の場合がほとんどだからね。きっと必要なことなんだろう。

佐藤　最後に外交官試験に当たって必要な条件をまとめておくと、まず集中して机に何時間も向かえるだけの能力と、外務省という組織で働きたいという動機付けがあるかという二つ。それがないんだったら僕は早いところ試験から手を引いたほうがいいと思う。

それから前にも言ったように、あまりに試験勉強が負担だと感じるようだったら、たとえ入省できても、それ以上の伸びしろがなくなるわけだから、やはり受験は諦めたほうがいい。さらに実際に入ってみて、どうも自分とは肌が合わないなと感じるのなら、無理をせず早く転身したほうがいいと思いますよ。それは組織のためにも、自分のためにも。もっといえば国のためにもね。

志なき人間よ、去れ

田中　法曹の世界でもこのごろは門戸開放ということで司法試験の制度を改めて、ハードルを下げたんだけれど、昨年あたりはどこも就職先がなくて困っている司法修習生が100人も出たらしい。

佐藤　今では年収200万円以下の弁護士というのもいるらしいですね。

田中　いや、実際少なくないと思うよ。これからは少子化の時代だというのに、ロースクールを作って弁護士をどんどん増やそうというのだから、本当に大変なこと。少なくとも今の日本には弁護士にそれだけの需要はないんだから。

佐藤　今後は「安定を求めて検事に」なんて人も増えてくるんでしょうね。

田中　増えるかもしれないね。僕らの時代なんか給料が安いとか言われて、なかなかなり手がなかったくらいなのに。でも、そんな「デモシカ検事」が増えていけば、当然その分、捜査能力は下がっていくに決まっている。実際、今だって感じるもの。これが検事かよと思う連中が増えてきた。

田中　具体的に何がダメなんですか？

田中　たとえば法廷で被告人に対する、あるいは証人に対する質問を聞いていたらすぐに分かると思うよ。核心を突いた質問なのか、チャランポランな質問なのか。

佐藤　はたまたとんでもなく見当違いな質問なのかとか（笑）。

田中　最近はそんな質問をしてしまう検事が本当に多くなってきているんだ。それは裁判官も同じだね。だからこそ、門戸を広げるのもけっこうだけれども、まず僕は法曹の世界に進もうとする人には、何よりも信念や志を求めたい。単に収入がいいとか、地位が高いという不純な動機で入ってくるような人間は日本のためにもお断わりだね。古いと言われるかもしれないけど、その気持ちはこれからもずっと変わらないと思うんだ。

終章

対談を終えて

「田中森一塾」の夢

田中　僕は、今回の石橋産業事件でまず間違いなく刑務所に入ることになると思うんだ。

佐藤　僕も田中さんも東京地裁の判決に不服として最高裁に上告していますが、今の司法制度から考えるかぎり、まあ、二人とも上告棄却となるでしょう。でも僕の場合は執行猶予が付いているけれど、田中さんは……。

田中　僕は実刑だからね。だから、確実にいずれは刑務所に行くことになる。そこで意気消沈しているかといえば、そうではない。僕には今実現したい夢があるんだよ。

それは若い人たちを応援する奨学財団をどうしても作りたい。年収100万円のフリーターがいると佐藤さんはおっしゃっていたけれど、今の世の中にはお金がないために十分な勉強ができない、夢を持てないという若者は多いと思うんだよ。

佐藤　田中さん自身、貧しい中から大学に進学したわけですものね。

田中　僕はこうやって逮捕されて、刑務所に入ることになるわけだけれど、幸いにしてこうして『反転』が売れてくれて、佐藤さんと対談する機会を設けてもらったりして、今の僕には自分の声を発する場というものができたし、弁護士時代とは違う人脈も生まれた。

僕の力でどこまでできるか分からないけれど、将来、いろんな人たちの賛助を得て「奨学財

団　田中森一塾」を作っていこうと考えているわけよ。それが僕の今の夢。

佐藤　すごくいいですね。そこで一つ思うのは、まさにこの『反転』に出てくるような裏社会の人たちからも資金を募《つの》ればよいということです。誤解を恐れずに言えば、汚れたお金をキレイに使うことができる人だと思うんですよ、田中さんは。

日本ではあまり知られていないことですが、たとえばハーバード大学にはビン＝ラディン奨学金というものがちゃんとあるんです。これはその名のとおり、オサマ・ビン・ラディンの一族が資金を提供しているんですが、ハーバードは堂々と資金提供を受けているわけですね。日本でだってそれは可能だと思うんです。

日本人はヤクザを暴力団と決めつけているけれど、任侠道の世界の人たちの中には社会貢献をしたいと思っている人もいると思うんですよ。そういうところから遠慮なくお金を集める。言ってみれば、真逆《まぎゃく》のマネーロンダリングといった算段ですが、そうしていけば任侠の世界の人たちに対する偏見も払拭できる道ができるかもしれない。そして、田中さんにはそれを男気でやれる素地があると思う。

ちなみに、資金はいくらくらいで考えているんですか？

田中　まずは50億くらいを目標に考えている。そうすればその額を運用に回して、年間2億くらいを返済義務のない奨学金と諸経費に充当できると思うんだ。

佐藤　50億くらいだったら、大手町あたりのビル3本も揺さぶればすぐに出てくるんじゃないですか。

田中　そりゃそうかもしれんね（苦笑）。

佐藤　あんまり綺麗事ばかりだとつまらないですよ。少し不透明な部分があったほうが絶対にいいと思う。

　実際に社会貢献をしたくても、出せなかったり、受け取ってもらえない人って結構いたりするじゃないですか。たとえば、中小企業の経営者で過去に痴漢やっちゃったとか少女買春やっちゃったとかいう人っていますよね。そういう人たちが反省して社会貢献をしようと思っても、偏見があるからお金を受け取ってもらえない。

田中　売名行為じゃないかと思われたりするだろうしね。そういうふうに聞くと、50億なんかあっという間に集まりそうな気がしてきた（笑）。

佐藤　それともう一つ重要なのは、その財団の中でしっかりと資金を循環させるシステムを作るということです。どういうことかというと、たとえばこれを10年のスパンで考えるとしますね。学生の場合は大学入学～大学院、社会人数年目でだいたい10年。その10年という期間を一つのスパンと考えて、10年経ったら今度は自分が資金を財団に入れる側になるという考えをしっかりと定着させる。それは返済という意味とは別の部分でね。

　この部分はひじょうに重要で、こういったお金の循環が作れたら、同時に奨学生同士のネットワークも生み出すことができると思うんです。その輪の中にいる人間同士が助け合える、フリーメイソンみたいな互助組織ですね。「田中フリーメイソン塾」です。

田中　なるほど、面白い。すごいアイディアだよ。本当に。

国策捜査の駆け込み寺を！

佐藤　それとは別に、田中さんだからやってもらいたいということが、実はあるんです。

それは田中さんの持つ実践的な法律知識をもってすれば「ここまでだったら当局に睨まれることはない」というアドバイスはできると思うんですね。というか、そういうことについて答えられるのは田中さんしかいないと思う。だから他人には絶対に相談できない法律相談、それも普通の法律相談では聞けないようなやつをやるんです。

田中　それはたとえばどんな？

佐藤　たとえばある揉《も》め事を抱えているけれど、これはヤクザに頼んだほうがよいのか、警察に行ったほうがいいのかとかね。警察に行けばたしかに解決はしてくれるだろうけど、それで話が表沙汰になると、自分にとっても傷になるということもありますよね。この種の判断に困る出来事って多いでしょ。あるいは「子どもが暴力団に入って困っています。うまく抜け出させる方法は何かありませんか」とかね。

こういうふうなトラブルに巻き込まれたとき、普通の人にとっては、まずどこに相談すればいいかも分からないわけですね。弁護士さんに頼むのがいいかもしれないけれど、どうやっていい弁護士を見つければいいのか。なるべく裁判にせずに解決したいが、そういう人はいるのかと。

そこで田中さんが直接乗り出すのではなくて、そういう人に適切な弁護士を紹介する仕組みを作ったり、あるいは国策捜査にやられたときの駆け込み寺みたいなのを作ったりすれば面白いと思うんですよ。

田中 それはいいね。ガンになった人に名医を紹介するみたいなものだね。カネを取らないでアドバイスするんだったら、別に弁護士法違反にもならない。

佐藤 まさにそうです。

田中 いずれにせよ、田中森一塾はまだ動き出したばかりで、ようやくサイトを立ち上げられたところなんだ。これから色々と大変なことはあるだろうし、道は平坦じゃないと思うけど、何とか奨学財団の形を作れたらと思っている。佐藤さんにはまた色々なアイディアをもらいたいと思うし、協力してください。どうもありがとう。

佐藤 こちらこそ。田中森一塾の成功、期待しています。

本書は、『PLAYBOY』2007年10月号から2008年2月号に連載した
対談・田中森一×佐藤優を再構成し、大幅に加筆したものです。

緊急対談

上告棄却決定——田中森一氏に訊く

佐藤　読者もよくご存じのとおり、２００８年2月13日の夕方、田中さんの石橋産業事件での上告が最高裁で棄却されて、実刑が確定したというニュースが新聞やテレビで大々的に報じられました。本書『正義の正体』の最終チェックをするために僕や田中さんを含めた関係者が集まったのが、そのわずか数日前だったので、正直、本当に驚きました。差し支えのない範囲で結構ですので、いくつかお聞きできればと思います。

まず、上告棄却の一報はいつ、どこで、誰から受け取りましたか？

田中　報道があった日、つまり2月13日夕方、16時40分頃だったね。この日はホテル・ニューオータニで同じ弁護士を対象にした講演会が17時半から開かれることになっていて、その準備をしている最中に、主任弁護士の木下貴司氏から携帯に連絡があった。

佐藤　そのときの心境は？

田中　正直、一瞬、頭が真っ白になったよ。一番最初に頭に浮かんだのは、「ずいぶん早かったんだな」ということでした。

佐藤　私も何でこんなに早いんだと思いました。田中さんは、もう少し上告棄却が遅くなると考えていましたか？

田中　自分なりに情報収集や状況分析をしていた中では、もう少し遅く、ひょっとしたら年内いっぱいはかかるかもしれないという気持ちがあったのは事実だね。

佐藤　その中で最高裁が棄却しない、あるいは逆転無罪を出す可能性は少しでもあると考えていました？

田中　そりゃまったく期待しなかったかと言えば嘘にはなるけれど、それについては考えないようにしていたね。

佐藤　なぜこんなに棄却決定が早かったのだと思いますか？

田中　事件の質や一、二審の経緯などは人によってまちまちなので一概には言えないけれど、僕より少し早く高裁の判決が出ていた村上正邦さんの件で最高裁の決定が出ていないというのは、安心感につながっていた。もちろん村上さんと僕とでは、事件の内容が違うので同列には語れないけれども、村上さんも僕と同じようにメディアで声を発している点は同じだからね。

佐藤　その村上さんの決定よりも田中さんの上告棄却が先になった。そこに国家の「意志」、いやもっとはっきり言えば「悪意」を感じますか？

田中　やはり何冊もの本を僕が出したことによって、何らかの作用が働いたのかもしれないけれど……。それについては僕の口からは何とも言えないね。

佐藤　そういえば、今回の上告棄却報道は、テレビでも大きく報じられたし、新聞の関西版では朝刊の一面に記事が出たそうですね。

田中　「上告棄却」がニュースとしてあれほど大きく取り上げられたことは、前代未聞じゃないかな。

佐藤　今回の上告棄却では許永中氏の実刑も確定したけれど、新聞の見出しでは田中さんの名前のほうが大きく扱われていました。

田中　それだけ『反転』が読まれたということなんだろう。変な言い方かもしれないが、実に男冥利《おとこみょうり》に尽きるよ。

佐藤　さて、これからのことですが、今後すぐに収監されるのでしょうか？

田中　最高裁の決定が出たからといって、すぐに刑務所に入るということはない。残っている仕事を片づけないといけないわけだしね。その時期については、これから検察庁と打ち合わせをして決めることになるから、現時点ではっきりとした予定は立っていないのが事実なんだ。

佐藤　残された日々で片づけておきたいことはありますか？

田中　何よりも、〈田中森一塾〉の運営体制を固められるだけ固めておきたいと思っている。残されたスタッフが困らないだけの基盤は作っていきたい。

佐藤　実際のところ、田中さんが収監中、塾の運営は継続できるんですか？

田中　安心して任せられるスタッフはいるし、僕もできるかぎり刑務所の中から連絡を取りたいと思っている。

佐藤　田中さんの場合は懲役3年だから……。

田中　これまでの拘置期間も加算されるから、実質、2年。早ければ1年半で出られるかな。

佐藤　監獄に持っていきたいものはありますか？

田中　特にはないな。中では司馬遼太郎《しばりょうたろう》、吉川英治《よしかわえいじ》、山岡荘八《やまおかそうはち》あたりの書物をすべて読み返してきたいと思っているんだ。檻の中での読書は、この対談の一つのテーマでもあったしね。

佐藤　監獄の中からメッセージを出すつもりはありますか？

田中　今ある連載ものについては書けるだけ書き残していくつもり。監獄からのメッセージはどのくらいのペースになるか分からないけど、面会に来るスタッフに渡して、随時ホームページにアップしていこうと思っているよ。

佐藤　収監を目前に控えて、今の率直な気持ちを。

田中　焦《あせ》っても仕方のないことだからね。拘置所に入って以降、自己啓発本の類を読み込んできたのはこの日のためだと思うようにしているんだ。今こそ、心を落ち着かせて、この状況に向き合いたいと思っている。

佐藤　どうか健康にだけは気をつけて、元気に戻ってきてください。出所祝い対談を是非やりましょう。

田中　やれるといいね（笑）。楽しみにしています。

（2008年3月1日）

田中森一　（たなか もりかず）

1943年、長崎県生まれ。岡山大学法文学部在学中に司法試験に合格。71年、検事任官。大阪地検などを経て東京地検特捜部で撚糸工連汚職、平和相互銀行不正融資事件、三菱重工CB事件などを担当。

87年、弁護士に転身。2000年、石橋産業事件をめぐる詐欺容疑で東京地検に逮捕、起訴される。2008年2月12日付で、最高裁は上告を棄却、懲役3年の実刑判決が確定した。

著書に『反転 闇社会の守護神と呼ばれて』『必要悪 バブル、官僚、裏社会に生きる』（宮崎学氏と共著）『検察を支配する「悪魔」』（田原総一朗氏と共著）『バブル』（夏原武氏と共著）『どん底の流儀』（筆坂秀世氏と共著）。

「田中森一塾」公式サイト
http://www.tanaka-jyuku.net/

佐藤 優　（さとう まさる）

1960年、東京都生まれ。同志社大学神学部卒業。同大学院神学研究科修了。

85年、外務省に入省。在英国日本国大使館、在露日本国大使館勤務の後、95年より外務本省国際情報局分析第一課に勤務。2002年、背任と偽計業務妨害の容疑で逮捕され、現在上告中。

現在は起訴休職外務事務官・作家として活躍中。05年、『国家の罠』が第59回毎日出版文化賞特別賞を受賞。06年、『自壊する帝国』が第5回新潮ドキュメント賞、第38回大宅壮一ノンフィクション賞を受賞。

他の著書に『獄中記』『反省 私たちはなぜ失敗したのか?』（鈴木宗男氏と共著）『国家の謀略』『私のマルクス』『国家論—日本社会をどう強化するか』『インテリジェンス人間論』『野蛮人のテーブルマナー』など多数。

正義《せいぎ》の正体《しょうたい》
2008年3月31日　第1刷発行

著　者　田中森一《たなかもりかず》　佐藤優《さとうまさる》

発行者　島地勝彦
発行所　株式会社集英社インターナショナル
〒101-8050　東京都千代田区一ツ橋2-5-10
電　話　［出版部］03-5211-2632
発売所　株式会社　集英社
〒101-8050　東京都千代田区一ツ橋2-5-10
電　話　03-3230-6393［販売部］03-3230-6080［読者係］
印刷所　図書印刷株式会社
製　本　ナショナル製本協同組合

定価はカバーに表示しています。

ISBN978-4-7976-7174-2